HEART
心|視野

HEART

心|視野

# 休婚。

**婚姻卡住了，**
**我們決定讓關係休假，**
**竟喚回重新幸福的可能……**

朴是炫 著 劉小妮 譯

나는 지금 휴혼 중입니다

# 目錄

推薦序1

# 分開後，才想起我們原本是兩個人

——作家／羽茜

柏拉圖在《會飲篇》裡是這麼說的：每個人原本都有四隻手、四隻腳、兩個頭，因為觸怒了天神而被劈成了兩半，所以人終其一生，都在尋找那個「另一半的自己」。

我們會用這樣的想像來看待愛情和婚姻，所以稱自己的伴侶是「另一半」，以為找到之後人生就會更加圓滿，卻不知道在找到並且在一起之後，該怎麼面對那個事事和自己不對盤的「另一個自己」。

想要往東時他就堅持往西，想要外食他卻一定要自己煮，工作累時被說「賺那麼少不如不要做了」，工作上受到肯定，過了心滿意足的一天之後，對方卻冷冷的拋下一句「你只顧你自己」……

我們會受到「另一半」這麼多的傷害，是婚前始料未及，有時也用同樣的態度傷害對方，在婚前，彼此因為差異而感受到的吸引有多強烈，婚後因為差異而產生的衝突就有多令人痛苦。

這時還要堅持在一起嗎？每天回到同一個家，從人生方向的規劃到生活中各項瑣事，都要爭個你死我活，讓其中一方委屈自己嗎？

本書作者提出「休婚」，就是夫妻分開生活，但是仍然維持婚姻關係，想要跳脫「夫妻就是要住在一起，夫唱婦隨」的刻板印象，嘗試另一種「是夫妻，但是依然保有各自生活」的可能。

因為不斷發生的爭吵、忍耐和各自流淚的悲哀，長久下來已經深感疲憊的兩人，還有因父母關係緊張而變得焦慮的孩子，休婚期間終於可以稍作休息，重新看待彼此的關係了。

作者幾乎是一字不漏的，描述了夫妻爭吵的各項細節，讓同為已婚者的我心有戚戚，印象最深的是她說丈夫要求三餐一定要認真準備，讓不善下廚也不在乎外食的她，每到早餐時間就彷彿遭遇「暴力」。

看在外人眼中這些都是小事，不管是起床準備早餐，還是出門前唯一一輛車被對方開走，還是為孩子選擇衣服……但是有同樣經驗的人就知道，正因為這些小事每天都會發生，就等於每天都會有事情不能按照自己的心意，總是要爭論「誰是對的」是一種壓力，而總是只有某一方要放棄、完全按照對方的心意去做，就是一種暴力了。

在傳統觀念中，妻子是輔佐丈夫的角色，所以她必須順從這樣的暴力才算做到「妻子的美德」，但是對於追求平等，渴望和對方相互尊重，得到的是共好而不是一人獨大的現代女性來說，這種對美德的要求，只會帶來被迫消滅自我的痛苦。

「既然如此那分開不就好了？」可能會有人這樣說吧。但是先不談有孩子會讓人對離婚有更多顧慮，單就感情層面，痛苦卻未必能果斷分開，也反映出現代人對愛情、對親密關係的困惑。

所謂愛，難道不就是恆久忍耐又有恩慈？在被對方氣得要死或者傷透心的時候，如果堅持睡在一起，就會像本書作者所說，還是會因為看見對方同樣疲憊的臉，而感到心疼又不知所措。

正因為對彼此還有愛情，所以「是不是只要我不快樂，就應該要離婚？」變成了難以回答的叩問，每一天，甚至是不同的時間點，答案都不盡相同。

本書的最後，作者透過休婚得到什麼樣的答案，在這裡就不先劇透了。只是看完之後我心裡浮現這樣一句話：分開之後，才想起我們原本是兩個人。

沒有誰是誰的另一半，也不是只有事事順心，才表示對方是「對的人」。如果我們都能時時刻刻把這件事情放在心上，這樣的自我提醒也互相提示，感覺快要忘記時來一次休婚，就能減少很多親密關係帶來的失望和痛苦吧。

推薦序 2

# 勻出來的空間，能讓你找回曾經發光的側臉

——心理學作家／海苔熊

一般來說，我是不會推薦心理相關以外的書籍。不過，看到編輯寄來這封信，因為頁數沒有很多，抱著姑且一試的心情看一下，就像是編輯寫信來問我時的心情一樣。

沒想到，就像是一場及時雨。最近在糾結著一些決定，伸縮頭都是一刀，其實似乎沒有哪一種選擇能讓結局最好——這個時候她就寄來了這封信。

老實說，書裡面並沒有什麼戲劇性的轉變，所有的過程也都在可預期當中，最重要的是，作者最後仍然維持「休婚」的狀態，而不是回到婚姻裡面，可見暫時的

分開並不是為了某一天能夠再住在一起，而是讓兩個人保有各自的空間，然後在這個空間裡面找回自己。

「一個人的房間，往往反映了他的個性」作者說。我們搞心理的人通常會說的是「你所居住的空間，也如實照應著你心裡的房間」，這兩句話其實大同小異，說穿了其實都是在表達，當現實生活的空間讓你難以喘息，離開和放下又非常不容易，那麼或許另一個決定是允許自己擁有一個「自己的空間」。

精神科醫師陳俊欽在我們網站上賣得很好的一本書叫做《放不下，就提著吧！》裡面也介紹了這樣的狀況，很多讀者常常在看了之後問我說，倘若目前還放不下，那麼該怎麼辦呢？而《休婚》這本書則是提供一個具體操作的選項，而且讓那些猶豫、擔心、懷疑是否要分居的人，有一種「VR」的實境想像——

1. 沒錯，在做決定之前你會很多的罪惡、害怕、各種設想其他人的眼光，甚至會有一些自我責備的聲音出現。

2. 就算，離開之後還是會有一些放不下、擔心孩子、過往回憶在腦海裡出現等等。事實上，這些狀況也會真實地發生，例如：小花鹿在學校發生的事，以及作者的情緒影響到他，讓作者很愧疚、心疼等等。

3. 可是，你也會體驗到前所未有的自由，尤其當你過去在這段婚姻關係當中，一直是扮演著，「自己的聲音被吞沒」的角色時。

關於「噤聲」這件事情也相當有趣。如果從童話心理學的角度來看，白雪公主被後母陷害了好多次都沒有事，但最後一次「成功」，竟然是白雪公主被蘋果核給噎住而昏厥，可見的世界上最毒的蘋果，是那種讓你窒息、無法呼吸、沒有辦法說出自己感受的那種壓力——其實，這也是作者在休婚之前的處境。無獨有偶的，美人魚之所以最後沒有辦法有一段幸福的感情，也是因為她沒有辦法替自己「發聲」，儘管她如此愛著王子，最後仍然變成泡沫。

當一段關係陷入困境的時候，我們總是會猶豫著，到底是要離開還是留下來，卻忽略了其中還有一種可能是「暫停」，給彼此一些機會喘息，這個契機並不一定能夠讓兩個人的愛延續，但勻出來的空間可能會讓你找回，那個曾經發光的側臉。

# 前言

二〇一三年的冬天，我結婚了。
二〇一四年的夏天，我生孩子了。
二〇一七年的秋天，我休婚了。

不知從何時開始，我和先生相處時，總感到不自在。每天我和孩子吃過晚餐、洗好碗筷後，是一天快要結束前最輕鬆的時間了。因為我可以在我最愛的空間，也就是寬二公尺、高一公尺的原木桌前寫作。對我那四歲的孩子來說，此時也是他最愉快的時光，因為他可以看他最喜歡的《小巴士 TAYO》。

但是當玄關傳來「嘀嘀嘀」電子門鎖解鎖聲的瞬間，我美好的世界就破碎了。

先生從玄關走了進來，我慢慢地從椅子上站起來。

「回來了？」

「嗯。」

妻子接過丈夫脫下的外套，好好服侍下班歸來的丈夫，這些都只是電視劇的情節而已。我先生直接走進房間換衣服，我則再次坐下來繼續看著筆電，但卻忍不住在意著先生的一舉一動。丈夫並沒有擺臉色給我看，我卻莫名其妙地察言觀色起來。讓孩子一個人看電視的時候，先生總是對我說，我對孩子「置之不理」。但當我跟先生兩人要一起做什麼，例如：吃飯、看電影或看他喜歡的綜藝節目時，他卻會把手機丟給孩子玩，從不認為自己也對孩子「置之不理」。此外，他也認為我給孩子準備的食物不合格。因為家裡的小菜、湯等都是從外面買回來的，我很不擅長做飯，為了做飯總是倍感壓力。不管從美味、時間、營養或是精神層面上來看，對我來說，直接從外面買現成的食物比較輕鬆。比起我準備的飯菜，孩子更喜歡吃從外面買回來的食物，我也因此減少了孩子不吃飯的壓力。但孩子吃的不是媽媽親手做的飯菜，這件事也讓我心裡產生了罪惡感。先生經常問孩子：「有好好吃飯嗎？」每次聽到這句話，我都覺得自己是個讓孩子餓肚子的壞媽媽。不過，當我們一家在外面吃飯，或是他想喝酒時，孩子的飲食比我平常給他吃的更隨便。這時候，先生的標準消失了。對我來說，如此兩極的標準，根本就是「只准州官放火，不許百姓點燈」。

先生在育兒、生活、工作等所有事，都做得認真且完美。孩子出生的時候，他為了好好照顧我和孩子，不只請了陪產假，還把所有年假都一併請了。做月子時，每一餐他都會煮海帶湯給我喝；孩子打疫苗的時候，他也一定會陪同前往。然而也因為請了一段很長的休假，那一年先生錯過了晉升的機會。即使如此，先生也說：「跟孩子一起度過的時光，是任何事情都無法替代的。」

先生休完假後，開始回到職場工作。下班後直到凌晨一兩點，他會負責照顧孩子。托他的福，我可以趁機補眠。有好幾次，我因為睡得太沉，沒聽到鬧鐘聲，先生也沒叫我，他就這樣熬夜照顧孩子，到隔天直接去上班。帶孩子外出的時候，一般的爸爸根本不知道要準備哪些用品，但我先生總是準備得妥妥當當，完全不需要我插手。孩子剛滿一歲的時候，得了肺炎需要住院，我們得準備至少四天的住院用品。先生要我在醫院好好陪著孩子，他回家準備東西。當時，我認為先生一個人，根本沒辦法幫我跟孩子準備這麼多天的過夜用品。因此，我說我回去拿好了，但先生拒絕了。沒多久，先生雙手提著滿滿的行李，再次回到醫院，我一件件地拿出他帶來的東西，從那時候起，我完全相信了先生的能力。睡衣、外出服、奶粉、奶瓶、尿布、毛巾、乳液等小孩的用品全都帶來了，除此之外，還有耳機、有趣的書、保養品、棉花棒等我的個人用品也一項都沒少。

我問先生為何還把耳機帶來，他說：「晚上無聊的時候，妳可以用來看看電影。」聽到這個回答，我心想他果然比我更細心。先生對家庭上的照顧，越來越得心應手，如今他已經是個可以準時下班，也能去幼稚園參觀孩子上課的帥氣爸爸了。

聽到這裡，大家一定認為我是一個非常有福氣的女人。比起完全不幫忙做家事的男人，我先生簡直太優秀了。但其實這是個兩難的選擇，對家事或育兒完全不懂，通通丟給女人來做的男人，和對這些瞭若指掌且做得一絲不苟的男人，最好能中和一下，可是我們總是只能遇到其中一個。

像我的情況，因為先生如此居家，所以不管我怎麼做，都無法達到先生的期待。先生經常對我說：「妳作為妻子、作為媽媽，到底為這個家做了什麼？」不久之前，我在新聞上看到一篇報導寫到：「在妻子或媽媽的角色上，女性的能力只能做到其中一項，很難同時兼顧。」我把新聞拿給先生看，沒想到先生卻說：

「可是，妳兩個角色都做不好。」

對於先生的回答，我當然強力反駁。但同時，內心深處也對自己產生了懷疑。我真的沒有盡到身為妻子、身為母親的角色嗎？從那之後，不論在什麼場合，也不管對方的性別或年齡，我常常問人：

「妳認為妻子的角色是什麼？」

「妳認為妳是一個好妻子嗎？」

聽到我提出這樣的問題，大多數的人會先皺一下眉，想了一陣子，才回答：「不太清楚」、「我好像沒有特別做什麼」……。也有些人會反問我：「妻子的角色是什麼呢？」關於這個問題，我無法回答，因為就連提出這個問題的人，也就是我先生，也無法給我一個明確的答案。

我把家整理得井然有序。用餐後，因為討厭碗筷堆積在洗碗槽內，一定會馬上洗好。每天幫孩子準備晚餐，孩子睡前，會陪他看五本以上的書。某次幼稚園聚會時，院長看完我跟孩子的影片後，對我們的評語是：「充滿愛意的溫馨家庭。」孩子愛著大家，也得到大家的愛，活潑開朗地長大。這不就是媽媽的角色嗎？到底先生期待的「媽媽角色」是什麼模樣呢？

關於這個問題，之後發生了一個小事件，讓我有了些領悟。

那是某個我跟孩子約好要外出吃午餐的星期六。那天，全家人都睡得很晚，我急急忙忙地準備外出。大約再一個半小時，我們就要吃午餐了，但我又擔心孩子在路上會餓，於是在牛奶中加了麥片先給孩子吃。

之後，我們夫妻在某次吵架時，先生提到了這件事，並大聲責備我：

「早餐只給孩子吃牛奶加麥片，妳也算是媽媽嗎？」

給孩子吃牛奶加麥片這事情，是用來評價媽媽的標準嗎？我有生以來，第一次因為「牛奶加麥片」而心情鬱悶不已。先生那句話，對我來說打擊很大，我開始認真思考，先生的高標準，讓我無論何時都是個不合格的妻子和媽媽。甚至到後來，只要先生在我旁邊，我就會充滿壓力，忍不住觀察起他的臉色。也因此，演變到最後變成，只要我聽到電子門鎖的聲音，就會不由自主地感到緊張不安。我們兩人待在同一個空間時，氣氛是不和諧的。

有一天，先生跟我說：

「即使一起笑，內心還是很空虛。」

聽到他這麼說，我什麼話都說不出來，因為我也是這樣想的。

家裡的氣氛變得很沉悶，只要一言不合，我們就吵個沒完。剛開始，孩子還會用哭、討抱，或是簡短的言語來阻止我們爭吵。慢慢地，他好像了解了，自己做什麼都沒用似的，越來越少發出聲音。我還記得我們夫妻最後一次吵架時，孩子只是靜靜躺在床上看著我們。他不讓我們抱、不哭，也不來阻止。那天，我們爭執了好一陣子，才突然驚覺孩子怎麼那麼安靜，往床上一看，發現孩子竟然睡著了，孩子好像已經習慣父母爭吵。看到孩子變成那樣，我們夫妻受到了極大的衝擊。也因此，彼此決定要「理性的分手」。

我們希望能繼續扮演好父母的角色，但暫時擺脫妻子和丈夫的角色和義務。這句話的意思也是我需要在經濟上開始獨立了。在我安頓好生活的前三個月，我接受了先生在經濟上的支援。沒有金錢也沒人能依靠的已婚女性，還是一個孩子的媽媽，我從一家三口的生活變成一個人，真的有可能獨立生活嗎？住在各自的家，但同時維持家庭各種功能的「休婚」真的可行嗎？分居和休婚的差異又是什麼呢？

「休婚」是為了盡可能不傷害孩子的心所做的決定，但這麼做孩子真的能如我們夫妻所期望的那樣嗎？在休婚狀態中，妻子和先生的存在有什麼意義呢？兩家的父母關係又會產生怎樣的變化？孩子可以理解這樣的家庭型態嗎？還有，其他人可以同理我們的做法嗎？休婚的結果又是什麼呢？

這本書講的是慢慢走向休婚的三十五歲女性的故事。我並沒有想通過這本書來告訴大家休婚的意義，因為連我也無法預測休婚的結果會是什麼。我昨天認為休婚對我的意義是這樣，可是今天可能又會不同。但對我而言，如果說分居是離婚前的階段，那我想休婚應該是復合前的階段。就像學生放寒暑假，只是為了繼續上學而已。先生跟我說這個期間，短則一年，長則兩年。我們都相信這是為了「恢復良好關係」而下的決定。我還戴著結婚戒指、每天跟先生通電話、工作上有困難會找他吐苦水、「親愛的」這個稱呼也沒有改變。我們依然給予彼此精神上的支持，我們也同時規畫著春天的家族旅行，但兩家的父母關係就此中斷了。我原本認為理想的休婚應該是兩家父母依然自然地來往，但這方面還無法達成。不過，隨著時間的流逝，我產生了疑問：「休婚真的是復合前的階段嗎？」我也開始思考如果兩人關係完全恢復了，一定還要同住在一起嗎？「關係恢復＝住在同一個家」只有這樣的等式才是好的結果嗎？一定要復合，才是成功的休婚嗎？父母的關係很好，但依然分開住的話，對孩子會有怎樣的影響呢？比起看起來只是表面上的「同居」，「關係」才是夫妻的本質吧！

這本書並不是要鼓勵休婚，也不是不要你這麼做。在休婚的狀態裡，我雖然有丈夫，但也可以說沒有；雖然結婚了，但也不是過著一般的婚姻生活。如此不清不楚的狀態下，想好好記錄下來自己的轉變。我原本以為，自己會每天晚上因為思念孩子而哭濕枕頭，結果並沒有；原本以為會很辛苦才能找到工作，其實也還好，休婚跟我所預想的截然不同。我只是希望讀者們通過這本書，看到和以往不同的婚姻型態，而且不是用社會的標準，是用自己的標準，選擇想要的婚姻生活。

# 壹——無法一起生活，也無法離婚

# 二〇一七年九月三日　休婚前二十四天

「要賣要丟，隨便妳。」先生邊大喊邊摘下結婚戒指後，奪門而出。他就這樣把我跟四歲的兒子丟下，一點愧疚感都沒有。沒多久，我就收到先生的離婚聲明了。第二天，我跟兒子吃過午餐後，就往我的娘家出發。從今天起，我安排行程時，過去事事都要徵求先生同意的步驟，通通可以省略了。我沒有直接回娘家，而是先逶到附近的海邊，跟一位原本兩個月後要結婚，卻突然被退婚的朋友見面。離婚女和退婚女的相見，實在異常悲哀。午後的四點，天空飄著雨，我跟朋友走在海灘上，邊走邊撿著貝殼。我們的話題從燒酒和啤酒混喝的黃金比例，轉到了「婚姻的真相」。這不正是昨天被提離婚的我，剛好可以跟來不及結婚的朋友說的話嗎？「王子和公主結婚之後，從此過著快樂幸福的生活。」童話故事中就這樣一句話快速且草率地結尾了，結婚之後的真實生活卻隻字未提。

我讀高中二年級的時候，爸媽離婚了。但我的朋友們總是莫名其妙的稱讚我，說我看起來「完全不像是單親的孩子」。爸媽離婚後，我們三兄妹都跟爸爸一起住。因為少了媽媽的陪伴，從選擇符合成績的大學、科系、畢業後的去路、就業、離職、結婚等人生大大小小的事，完全都由我自己做決定。也因為這樣，讓我性格變得十分剛強，極少做出後悔的決定。我的大學教授是位知名的生態學者，他聽完我的家庭背景和生活後，對我說：「是炫，妳經歷千錘百鍊後，變成一位明智的人了。」但我在社會中學到的經驗，在婚姻生活裡卻毫無用處。婚姻的世界跟我所知道的世界根本完全不同，在社會上需要的「我」和在婚姻裡需要的「我」，是完全不一樣的「我」。

懷孕初期，我得了重感冒。孕婦不能吃藥，我強忍著咳嗽，感覺內臟都快要被咳出來了。那時候，先生煮檸檬茶給我喝。我懷孕和生產的期間，先生負責煮飯，他擔心我會餓肚子，每天下班後會做些雞蛋捲、烤魚、小菜等放在冰箱內以備不時之需。我生完孩子之後，先生足足一個月，每天都煮海帶湯給我喝。孩子稍微有點小咳嗽時，會把洋蔥對切放在床邊，或是在蛋黃上滴上芝麻油，再加點蜂蜜餵孩子。這所有的一切，對我來說，是極為神奇的事。先生如此無微不至的照顧我和孩子，應該都是傳承自婆婆。長久以來，一個人孤單生活的我，不太會如此照顧別人。但是沒想到他的「穩重」、「照料」、「關懷」，日子久了之後，對我來說變成了「壓迫」、「束縛」和「壓抑」。

我在海灘上，一邊幫朋友斟酒，一邊憤怒地說：「老公總是跟我說：『親愛的，要買鞋子了』、『親愛的，維他命沒了』為什麼連這種事情都要一一提醒我呢？」他覺得連保健食品這種細節都要彼此注意到才是家人，才是愛。剛開始，我會特意配合去注意這些小事，但個性使然，我實在無法一一做到。於是先生就認為，我連身為「妻子」的本分都做不到，而我則認為自己需要什麼，應該自己最清楚，無法理解為什麼還要另外一個人一一提醒。

先生摘下結婚戒指的那天，他吼叫著電燈如何又如何，其實只是表面原因。真實的原因並不是這樣。先生一連好幾天都是自己燙襯衫，感覺沒有被好好照顧到，才隨便找藉口來吵架。我即使知道，也不想去理睬。雖然說要離婚，但後來先生說還得考慮到孩子，文件就先放著，但分開住。當時，或許是因為自尊心的關係，也或許認為這是個不錯的提案，我馬上就同意了，這是我們最後的對話。

過去五年來，我們夫妻在旅行時從沒吵過架。但在「家」裡，只要兩個人在一起的時候，就會充滿著緊張和壓力。一起待在家裡時，我們彼此折磨，連胃都痛了。在同一個空間內，就是渾身不自在。我常覺得不如沒有家，在外頭過著野營的生活說不定會更好。因為我們只要走出家門，關係就會變好。對於我來說，實在無法理解，為什麼結婚這個制度，賦予我「妻子」這個角色，同時還得交給我那麼多的事。我要穿的衣服，我會自己清洗整理。同理，先生要穿的襯衫，應該是他自己要燙吧？要是我燙了衣服，也是出自於「關懷」，並不是「義務」。我外出教課時，自然也不會期待他先幫我擦亮鞋子，或是把衣服送去乾洗吧！彼此的角色必須是公平的。於是我得出了一個簡單結論，就是現在結婚的制度並不適合我。

我開始夢想「休婚」。我和先生擁有各自的家，但在情感上和機能上維持夫妻的關係。我們可以各自過著適合自己的生活，同時也關心對方的近況，在一起時真心的感到開心，良好的夫妻關係是家庭的根基。孩子可以隨心所欲地今天去媽媽家住，明天住爸爸家，後天也可以三個人一起生活，這樣的選擇不是很有趣嗎？孩子可以說「今天我想去住媽媽家」這樣的話。「這個週末是我們三人一起住的日子。」這樣的約定也能成為平日生活的激勵，就像期待週末去「郊遊」那樣。當然這些想法，我無法說出口。即使以開玩笑的方式說出來，也一定會被說：「妳真的是比起家人，更愛自己的自私女人啊！」如果想讓夫妻間有著更多好的互動，我的方法會是「先分開再在一起」。但對先生來說，他的方法是「在一起，甚至比平常更常在一起」。我跟先生之間如果沒有婚姻的框架，沒有「妻子」這個頭銜的話，那該有多好。

十天之後，我從娘家回來了，但我跟先生依然爭執不斷。隔天，我在圖書館查閱有關結婚、卒婚，女性的人生等書籍，不知不覺就晚上六點了。回家時，我正打算去便利商店買些飲料、啤酒，天空突然下起了雷陣雨。我完全不知道，雨下了多久？因為等我回過神來，才驚覺雨早已停了，而我還呆呆地站著等。抬頭一看，天空不可思議地出現了大彩虹。我就像個孩子似地，邊走邊頻頻抬頭看，忽然間遠遠地我看到一個熟悉的身影，是我的先生。我們就像分手隔天在公司碰面的辦公室情侶般，距離越來越近，也越來越尷尬。終於，先生來到了我的面前，我下意識地伸出手，指著彩虹說：「你有看到彩虹嗎？」先生抬頭看了一下天空，露出了只有我才看得出來的淡淡笑容。

我的直覺告訴我，十天的離婚結束了[1]。

1 指夫妻吵架後，先生提出離婚，作者回娘家十天，後來因彩虹事件暫時和好，因此作者開玩笑的說是十天離婚。

# 我只剩下三十四歲，已婚，孩子的媽

　　我和先生決定休婚的過程雖然微不足道，但卻極為醜陋、痛苦和淒慘。在一起看到彩虹的那天，我們邊喝酒邊寫下「希望對方能做什麼」。我對自己承諾，一定要遵守這些事，但在現實的生活裡，價值觀的差異不停地折磨我們。如果有什麼比「承諾」更強大的話，那一定就是「差異」。

　　不久之後，我們夫妻吵到連警察都出動了。那時，我因為太過難過身體直顫抖，再加上酒醉，我處於「反正怎樣都可以」的放棄狀態。我們省略了「協議離婚」，進入「訴訟離婚」這個極端的階段後，最後抵達了「休婚」這個停留點。最近我常聽到卒婚、休婚、LAT（Living Apart Together）等各種不同的婚姻型態，但因為這些都被認為不是「正常」的，所以有許多反對的聲音。

「為了讓我們的關係可以變好，暫時分開生活，如何？」當某一方提出這個提議時，另一方邊看著對方的眼睛，邊露出溫柔的笑容說：「這是一個很好的想法！」不過是幻想而已。

我在大型證券公司工作了七年，也曾當過獨資公司的業務，現在擔任講師。可以說，我從大學畢業之後，一直都在工作賺錢。即使如此，若要離婚，經濟上還是充滿擔憂。原本以為船到橋頭自然直，但那些看不到的恐懼無時無刻壓迫著我。面對之後要一個人生活，我變得懦弱、渺小，甚至還查詢了「燒炭自殺」。

我很好奇其他家庭裡的妻子是如何生活的。我周圍大部分已婚婦女除了接送小孩上下學，其餘時間都是自己的。那些時間可以用來學習、工作、運動等。小孩回家後，才開始陪伴孩子和做家事。丈夫下班回到家，聽到洗衣機的聲音時問：「妳這時候才洗衣服！白天都在做什麼？」應該很多丈夫都有過這種的反應，而妻子也都被這樣問過。吃過晚餐，也幫小孩洗完澡後，妻子換上睡衣想要休息一下，看看書、寫寫字或上上網，但丈夫卻不高興了：

「先哄小孩睡著後，再做妳自己的事情吧！」

妻子們不這樣做的原因是，哄小孩睡後，自己往往也累得跟著睡著了。因為小孩的精力太過旺盛，陪睡有時要拖很長的時間，而自己也精疲力盡了。這個時代三十幾歲到四十幾歲的女性，正好夾在傳統母親和現代女性的中間。大部分女性在大學畢業後，都會進入職場工作，可是在孩子出生後，很多因素讓她們辭職了。在學校，她們學習到的是，如今是一個「女性地位越來越高」、「女性可以自由參與社會活動」的時代，而且也深信現在的社會確實如此。但即便現今社會的女權意識比過往還要高，但女性還是要面對結婚生子的矛盾情況。即使我們知道現代有許多積極、有能力的新時代女性，但對於「我」逐漸在婚姻生活中消失，還是不由得感到驚慌。

於是，這個空隙只能由結婚的休息來填補。如果要說現在的我還留有什麼的話，只有一個身體和大約三萬塊的現金，我就這樣開始了一個人的生活。雖然知道獨立生活，最重要的是找到工作，但還是被我拖延了。反正生活已經毀了，那不如先做自己想做的事。休婚是為了離婚，還是為了再次復合？那個問題已經不重要了。我把它想成是，人生給我的「贈品」時間。工作的話，如果只是兼職的工作，不論何時都可以開始。於是，我就把工作擺在最後。三人的傢俱再次變成一人傢俱，從公寓搬到套房，從SUV休旅車到警車，親友們看到我這種情況，都苦笑了。

「我從三十四歲的人生，再次回到二十四歲的生活了。」

以前我從先生那裡拿取生活費，現在生活費我得自己賺取，我真的一個人活得下去嗎？又會走到哪裡呢？「暫時回到過去的我」也不知道。從表面上看，我是被迫趕出婚姻生活的人。因此，有好幾個朋友聽到我的事後，忍不住在我面前流下了眼淚。

婚姻和獨立，看似相互矛盾的單詞，卻是相輔相成且必須同時滿足的條件。獨立不只是跟未婚、不婚、離婚、卒婚相關，跟婚姻也是相關的。只有作為一個獨立的個體，人才能生存下去，接下來不論要謀求什麼，也才有可能。婚姻生活，不只是共享、合作而已，獨立的個人生活還是必須要存在。我正因為沒有獨立，所以一切都要從零開始。婚後，我所賺的錢全用於生活、飲食、旅行等，並沒有另外存私房錢。因此，現在連租套房的保證金都必須跟朋友借，就連今明兩天的生活費，也得東拼西湊。和十年前，我剛出社會的時候相比，現在的我就業條件更差了。如今的我，失去每個月都能準時收到的薪水、年薪百萬的職場，也不是剛入社會，擁有無限可能的二十幾歲青年。現在的我，只有每個月必得支付的貸款和要扶養的小孩。不管怎樣，我很感謝先生同意分開生活的這個重大決定。我相信這是生命給我的禮物，也是我開始獨立生活，展現我的能力，且可以開始做什麼的契機。我決定相信人生、期待人生，跟隨人生河流往前走。

# 閃閃發亮的早晨

在夫妻大吵之後，我苦惱了整整兩周。對於要求離婚的先生，我沒有直接給予答覆。我想先去做婚姻諮商，因為我希望即使分開，也要在彼此心中沒有任何疙瘩的情況下結束關係。夫妻的緣分盡了，作為小孩的父母的緣分還是會一直持續下去，如果在雙方對彼此依然抱著恨意的情況下分手的話，那剩餘的父母角色也會隨之破裂。預約婚姻諮商的那天，只有我一個人前往。因為我想自己先做完諮商後，再建議先生去。大約一個半小時的諮商結束後，諮商師邊整理資料邊跟我說：「一般來說，在做諮商時，大多數人會因情緒難以控制而痛哭，但妳卻非常冷靜。」

晚上，我在開車回家的路上打了一通電話給先生。我跟他說，我覺得最後我們並沒有盡力處理好彼此的關係，也跟他說自己剛剛去諮商了。即使要分手，我也想在分手的時候「好好」跟對方分開。先生說他已經過了那個憎恨階段了，現在只要決定我要不要從家裡搬出去就可以。聽到這句話，我瞬間被憤怒和背叛包圍，大喊：「好，我們就那樣做吧！」就這樣，我們決定離婚了。有了結論之後，我的內心反而舒坦多了，好像苦惱的球丟回給先生了。就當我已經做好離婚的心理準備時，先生卻有點反復了。昨天說要離婚的人，今天改口說先把資料放一邊，明天又威脅我說要提離婚訴訟……有一天晚上，先生打了電話給我：

「別人說什麼，都沒有關係。我們自己先好好想想，暫時分開生活吧！」

於是，我的婚姻假期就這樣開始了。

結婚四年後，我第一次跟同社區的媽媽們一起喝酒。我曾每兩週一次，在社區圖書館跟七位媽媽一起上父母教育課程。這兩位媽媽是和我同組的成員，比其他學員更親近些。那天想喝一杯的時候，我唯一的酒友——我的先生，已經不適合了，一個人喝的話又感覺很淒涼。於是，我發了簡訊給她們：

「今天好想喝一杯，會太突然嗎？」

就像正在等我的簡訊似地，他們回了簡訊給我：

「今天真的好想喝一杯。」

「怎麼我也正好這樣想。」

這些媽媽們也真是的。

如此臨時的「邀約」，居然一眨眼的時間，就聚在一起了。其中一位居然還為此取消了隔天的醫院預約。我跟這兩位媽媽不同的是，她們可以把小孩交給先生照顧，而我不得不帶著兒子一起來。為了配合我，我們約在有兒童遊戲室的烤肉店。

如果我跟先生還是「正常」關係的話，那今天的聚會是不可能發生的。「我今天想跟朋友們一起吃飯，可以嗎？」過去因為討厭看先生的臉色，我連問也不想問。所以運動中心的聚餐、朋友的聚會等，我從沒參加過。基本上，媽媽們的聚會時間會較晚才開始。先生們要參加聚會，隨時都可以去，但太太們如果要去朋友聚會，得先把孩子的晚餐做好、幫孩子洗完澡，還要等孩子睡著後，才可以出門。因此，媽媽朋友們的聚餐大約是晚上九點。對，就是晚上九點，但就連這個時間，我先生也無法接受。

「什麼？在那個時間見面？那妳幾點才能回家？孩子呢？我明天要上班耶！」

先生在說這些話的同時，我心裡想著：孩子已經睡了，我又不是不回家，你自己不能上班嗎？相反地，先生可以晚上九點出門。有一次甚至跟我喝酒喝到一半，突然說要出門。「真的很抱歉，公司的大哥叫我過去，好像有什麼話想跟我說。」公司的同事又如何？對我來說，「同社區的媽媽們」就跟同事一樣，我也得要融入她們。但當我也說某某媽媽有話想跟我說時，先生卻認為那只是媽媽之間的閒聊而已。如果我不管先生的看法，這次參加了媽媽們的聚會，下一次先生勢必又會說：「上次不是才剛約，怎麼又要見面了？」

看到正對我招手的朋友們，我趕緊走過去。我們點了烤豬排肉三人份，還有燒酒跟啤酒。有一邊酒窩特別明顯的朋友Y，將燒酒和啤酒調得非常好喝。豬肉都吃完了，酒也喝超過三瓶以上，加點的豬皮也烤得通紅。十七歲之後，我才第一次吃到烤豬皮。我夾起豬皮正沾著醬料時，坐在我斜對面的朋友H對我使了眼色：「那個。」她指了指咖哩粉。這正是我不喜歡的香料，不合我的口味。我想起還是新進職員的我，第一次跟分店長吃飯，吃到摻有咖哩的湯麵時，還差點吐出來。但為了不想讓推薦的朋友失望，我稍微沾了一點咖哩粉，小心翼翼地嚐了味道。喔，還不錯耶！就在我又多沾一些的時候。

「妳知道嗎？」Y突然這樣問了。

「什麼？」

「是炫看起來閃閃發亮耶！」

閃閃發亮！我稍微想了一下這句話的意思，烤肉的熱氣和酒氣讓我的雙眼朦朦朧朧。

「妳說閃閃發亮是什麼意思？」

「那個喔，嗯……就是閃閃發亮啊！我這樣說好像很假，」這位姐姐是記者出身。「但第一次見面時、聽老師上課時、今天說出自己辛苦的事時，妳的眼神全部都閃閃發亮。妳知道是什麼意思嗎？」

「沒有化妝，就這樣隨便出門也閃閃發亮嗎？」

「是啊！就這樣也非常閃閃發亮喔！今天聽妳講那些痛苦的事情時，看著妳的眼睛，我心想擁有那種眼神的人一定很堅強。感覺不論最後結果是什麼，妳都不會動搖。」

Y不過一周兩個小時，見了我四次而已。在社區圖書館課程中恰好被分配到同一組，這樣的她，本應該不瞭解我的她，卻說出了她對我的瞭解。

「妳知道是什麼意思了吧？」Y又問了一次。

「大概懂。」我趕緊回答。

隔天早上，我躺在被窩內反覆回憶著昨天的對話。最近這些日子裡，隱隱約約的不安和茫然中，這句話對我產生了某種力量。我全身好像突然閃閃發亮起來，雙腳使力一蹬，爬了起來。即使超過凌晨一點回家，也不再需要辯解、道歉或撒嬌，今天早晨我感到心情很平靜。

# 保證金三萬，月租八千元

先生向我提出離婚後，說他可以給我二十萬的現金和三個月的房屋貸款[2]及水電費，還有一輛車。我們夫妻的所有收入和支出，還有財產（雖然根本沒有什麼財產）一直都是透明的，所以我知道這是先生能給予我的最大資助了。有了這些，我在找到房子和工作之前，生活應該就不會有太大問題。於是，我接受了先生的提議。但直到我離開家的那天，我手中擁有的現金卻不到三萬。因為先生的借貸額度已滿，無法再貸款。我們夫妻又沒有什麼儲蓄。過去只要存到一筆錢，我們就會拿去換車或旅行，長久以來過著不擔心「明天」的生活。我們認為生活一定沒問題，但其實只是沒來由的自信罷了。結果變成我即使沒有足夠租房保證金的情況下，也必須去找房子。原本以為會有二十萬的現金，那房子的保證金就大概可以抓三萬到五萬之間，但如今我已沒有太多選擇了。

我在首爾工作了七年。結婚後，搬到了忠北鎮川。如果說首爾給人的感覺是心胸狹隘、自命清高和刻薄的話，那鎮川的感覺就是寬容、低調和悠閒。我在忠北生活的時候，有很多收獲，因此實在不想離開這裡。一旦離開了這裡，好像就會再次回到競爭與爭奪的世界。在這裡生活的五年之中，彷彿把我身心裡裡外外全都清掃了一遍。遼闊的天空和悠哉的生活讓我放鬆下來。在這沒有親人，也沒有父母、朋友的新地區，我過得快樂無比，全身充滿能量。也正是在這裡，我開始了寫作。對我來說，生命中發生的每一件事情都是有原因的。我強烈體會到生命即將給予我最好的，我不再為了達成目標費力掙扎，而是讓一切順應生命的河流，我只要全心投入其中即可，這就是屬於我的生活哲學。我的第一本書裡，所談論到的價值觀，正是此地贈予我的禮物。在這裡生活，成為了我人生當中的分水嶺。但如今我卻不得

2 作者在三十歲的時候買了價值三百多萬的公寓大樓，此為這房子的貸款。

不離開這裡，理由居然是因為這裡有「家人」，因為我得跟先生分開各自生活。

如果是像首爾或釜山這種大城市，只要搬到不同社區就可以了，但這裡並沒有其他適合居住的社區，而且工作機會也沒有像大城市那樣多，只是很神奇的房租居然比首爾貴。為了真正的獨立和休婚，我不得不離開這裡。

我在尋找新的住所時，首先考慮的是和孩子的距離。想見孩子的時候，不論何時都希望可以馬上看到，因此距離不能超過一個小時，最後我決定住在大田。結婚生子後，作為自由講師的我，住在這裡是最適合不過了。不管是搭火車或公車，到各地去講課都很方便。當然房租也是我選擇這裡的主要因素，我從保證金三萬左右的套房開始找起，剛開始嚇了一大跳，當我將網路上找的房子照片傳給朋友看時，朋友還說：「看起來怎麼這麼好，會不會是寫錯了啊？」

為了解開這個問題，我直接找到不動產公司。原來不動產公司是將保證金三萬到五萬，月租五千到八千的物件，設定在一起，我搜尋到是這個範圍的物件。我第一位見到的不動產仲介是個才二十幾歲的年輕人，這位身材瘦小的仲介看到我帶著孩子出現，顯得很驚慌。

「從電話裡聽到妳的聲音，還以為是位年輕女生，所以找了適合二十幾歲年輕人的房子，但妳有孩子的話，我得要重新評估，找找其他房子了。」

這位仲介原本說要介紹不錯的房子給我，但房子越看越讓人不開心，我們之間的對話也越來越少。完全沒有管理的大樓、看起來超過三十年以上的房子，木門吱吱作響、廁所還沒有洗手臺。好吧！這是保證金只有三萬的現實。接下來我們看了幾間有經過整修，狀態還算好的房子。一走進屋子裡，我便附和地說：「真的很乾淨。」但這是一間半地下室的房間，窗口在我頭頂。抬頭才能看見窗戶的心情真的很奇妙，我從來都沒想過，窗戶的位置居然會左右人的心情。最後，我們看了一間空間雖然小，但窗戶位於正常位置的房子，而且打開窗戶看到的風景還不錯。房子位在一間小學的後面，環境應該沒有問題。這裡的保證金要三萬，月租七千。不知道仲介是不是感覺我稍微氣消了，於是開口對我說：

「如果是二十幾歲的年輕女生來看房，我們通常會選幾個不好的物件，最後再讓她看一個好的。因為您還有孩子，我真的是從一開始就挑選不錯的房子給您。」

（如果我是二十幾歲的年輕女生，到底會看到怎樣的房子呢？）

我邊說「還不錯」，邊打開廁所的門。天呀！神祕的淡綠色的洗手台，馬桶上還有黃色的鏽斑，感覺只要一坐上去，就會裂開似的。看來如果我的保證金只有三萬的話，是不得不接受什麼了。例如：每天要經過垃圾成堆的入口，或是得側著身體才能進出的廁所，又或者是曬不到太陽的半地下室。「這裡位置好，房子狀態也不錯，是很快就可以出租出去的房子，不過……看來房東還沒意識到要整修一下廁所。」仲介好像有點掛不住面子似地，親切地解釋著。就這樣，在經歷一場混亂之後，我打算開車離開，仲介可能也覺得不需要再請我到辦公室續談，打完招呼後也就走了。

房子狀態的好壞跟租金也有關係，但我實在沒有餘力去支付七千元以上的房租。我每個月要償還一萬三千元的貸款，加上水電費的話，一個月固定支出就差不多是二萬元。原本想先辛苦一年，之後再搬到更好的房子。如今這個計畫完全被打亂了。乾脆租一萬塊的房子算了，只差了二三千元，但房子的好壞差異很大。

二十六歲的時候，我在首爾找房子，當時我手上有一百多萬現金。二十八歲的時候，我貸款了一百七十萬，買了幢約三百萬的公寓大樓。三十歲的時候，我把房子用全租[3]方式出租後，搬到月租一萬四千元的房子。但已經三十四歲，現在的我，居然為了二三千元考慮這麼久！以前的女人，在婚姻裡即使遭受不公平的對待，因為沒有經濟能力，仍會忍耐著繼續生活下去。身為新時代女性的我，竟然也得面對如此狀況。我沒有存「私房錢」，真的是太傻了。孩子出生的祝賀金、滿週歲時收到的禮金、我父母給的好幾萬的零用錢、年輕時購買的保險和基金……為什麼當年要將這些全部拿出來當家用呢？如今後悔也沒有用了，先生賺的錢也是全部拿出來用在家裡。不管怎樣，對於如今經濟上如此困窘，我還是感到無比悲嘆。懷

3 全租是韓國獨特租房子方式。必須一次付給房東一大筆錢，金額約房子總價的百分之五十到七十，之後在合約期間都不用繳房租，只需自理水電瓦斯管理費等。期滿後，房東需要把這筆金額全數退還。

著失落的心情，我繼續去找下一位仲介。一走進房仲辦公室，我就不由自主的抱怨：「我已經看了好幾間房子了，但越看越心酸。」

這位年紀稍長我的女房仲帶著我去看一處新建的社區大樓。社區並非位於狹小陡峭的坡道上，而是位於平地。一走到那裡，我的心情慢慢變好了。停車場有認真管理，一樓的大門設有密碼鎖，我彷彿從地獄再次回到天堂。一走進玄關，就看到熟悉的水槽，水槽整理得很乾淨。房間有隔間，廁所很乾淨，當然也有窗戶。總算看到像房子的房子後，我不加思索地大聲說：「我要租這個房子！」保證金六萬，月租一萬元，這個金額雖然超過我的預算，但我選擇了至少每次回家不會感到憂鬱。看完這個房子後，我本來打算馬上簽約，但突然間，我的頭腦清醒了過來，是不是要再多看看其他同租金的房子呢？

就這樣，我在這位仲介大姐的陪同下，開始看其他同等價位的房子。之後又陸續見了四位仲介後，才真的找到房子，而我看房的標準也在這些過程中建立起來。又回頭再去看一次那間保證金六萬，月租一萬元的房子時，我發現了應該發現卻沒看見的致命缺點，那就是打開窗戶看到的是隔壁大樓的牆壁。因為這會讓空氣不流通，於是我放棄了這個房子。最後我找了保證金三萬元，月租八千元的房子。廚房有門隔開、格局方正，廁所也是「正常的」。我打算用保證金三萬，月租五千的條件來找房子的時候，並不期待房子能多高級。只要廁所有洗手台，還有洗澡的時候，屁股不會碰到牆壁就可以了，因為想到如果要洗頭的時候，可以彎腰的空間只有馬桶上方，心裡就覺得悲哀。玄關旁邊就是廚房沒有關係，但如果必須站在玄關才能洗碗就太小了。為什麼建商要蓋這些讓人如此難堪的房子呢？這樣的房子構造真的好嗎？我對此充滿了疑問。最後簽約的房子雖然空間較小，但至少符合我的基本條件。而且因為還有約十坪的頂樓，彌補了空間小這個缺點。有一天，朋友為了安慰我請我吃炸雞。聽到我找到的房子後，嘆了口氣說：「月租八千的房子也是房子啊！」

什麼話嘛，現在我可是擁有頂樓的女人耶！

# 結婚少了△△，還剩下什麼？

我有幾位時常與我分享生活與心情的朋友，Y和K就是其中兩位。她們都是我在擔任講師時結交認識的友人，我們經常一起規畫課程，或是共同擔任課程的講師，是同事也是摯友。Y還沒有結婚，而K已經結婚，但還沒有小孩。我們夫妻在最終決定休婚之前，曾協議過離婚。當我把這個消息告訴她們兩人時，K邊哭著說：「那小花鹿（我兒子的小名）呢？是炫老師說不想讓小花鹿看到爸媽吵架的樣子，但小花鹿的想法呢？有問過小花鹿了嗎？」

她的話一直縈繞在我心頭，讓我意識到我們夫妻並沒有盡全力經營彼此的關係，這也是促使我說服先生一起做婚姻諮商的契機。雖然他拒絕了我，但也是那個時候，我確定了我的立場是「想離婚的話，隨時都可以離，但我們先分開住。」當時先生的態度三天兩頭就改變，讓人摸不著頭緒，幸好有他們陪在我身邊，幫我出主意應對。

僅僅經過三週的溝通，我們夫妻就決定由我搬離三人共同的家，而公婆為了照顧孩子，隨後也搬了進來。當然在這個過程中，經過了好多波折，最後大家才一致同意這個決定。不論何時，我都可以來看孩子，也可以帶他出門。我們都不去想離婚的事情，只是分開住而已。各自努力協助對方的生活，彼此也不能結交新的異性關係。在分開住的期間，兩個人重新思考彼此的價值觀。這些協議都談好的當天，先生和我一起喝了啤酒。

Y對於這個情況表示驚訝。在前一天，還鬧著要提出離婚訴訟，吵得要死要活，都快打起來的兩個人，居然在隔天一起去喝了啤酒。當週的星期六，要帶兒子去踢足球的先生，說要請我吃壽司，約了我一起出門。根據約定的時間，我來到新開的壽司店。當天店裡的客人中，我和先生的碟子是堆得最高的。聽到我們一起吃飯的事情後，Y對著我生氣地說：「請妳吃壽司後，又把妳趕出門？」我說：「其實這也沒什麼，所謂夫妻的關係就是這樣微妙。」

之後，我也跟K分享了「壽司事件」。跟完全不能理解的Y不同，K表示她懂。Y因此嘀咕著：「這個是未婚和已婚的差異嗎？」

夫妻的關係是無法預測的。夫妻吵架後，朋友如果因此罵對方先生的話，那就糟糕了。因為通常幾天之後，夫妻間極有可能再次恢復恩愛關係。深受家暴的女性常常說的話就是：「除了打我的時候，他其實是一個很好的男人……」最讓人無法理解的關係，就是別人的夫妻關係。夫妻關係很難切割的原因是，兩人之間有許多的背景、經歷以及複雜微妙的感情，也就是說兩人的歷史是綑綁在一起的。其實當先生提出離婚要求，我也覺得我們勢必離婚時，我的內心也始終為先生著想。我決定要賺很多錢給先生。聽到我的想法後，朋友對我大聲說：「妳先養活自己吧！」

因為先生過去賺的所有錢通通用在家裡，他幫自己買過的東西，僅僅只有汽車打光劑和防脫髮劑而已。不管是薪水，還是出差、加班的補貼費，全都拿出來當家用。他不論何時總是為不能給家人更多而感到遺憾，是個連口袋內的零錢都會全掏出來給我和孩子的人。即使每週工作五天，也沒有半毛私房錢。而且他在跟我結婚之後，連續四年每個月繳一萬三千多元的房貸。這麼算來的話，我要還給先生的錢也不少。「你們是在知道彼此狀況的前提下才結婚的，那是他的選擇。」朋友的話自然也沒錯，但這是道義上的問題。我們在談離婚時，雖然兩人都拿著匕首，互相插在彼此的心臟上，但依然處處替對方著想。先生在某次暫時休戰的期間，跟我這樣說：

「如果我有一億，我會把一億都給妳。如果我有兩億，我會把一億給妳。如果我有三億，我會把兩億給妳，這就是我的心。」

正因為我是他的妻子，所以完全可以感覺出他說這些話的真心。（我朋友聽到這些話時，馬上笑出聲來，對我說：「為什麼有兩億以上時，就不全給你了？」）我們在談離婚的時候，我也曾做出不理智的事，但如果先生在這個時候，出了意外，需要有人捨命相救的話，我一定會毫不猶豫的獻出自己的生命。雖然這些都是「如果」的假設而已，但我知道彼此的決定，都是來自內心深處的真心。我們彼此厭恨的同時，依然替對方著想，果然夫妻是讓人無法理解的關係。如果連這種感情都沒有殘留的話，那應該真的就是外人了。

我在大田找房子的某天晚上，跟Y和K碰面了。我們一起去吃炸雞，我跟她們分享了暫時不離婚的決定，也說了我們夫妻協議的內容。Y問我：

「那萬一出現了異性朋友，怎麼辦？」

「因此，即使分開住，還是要維持夫妻的關係。機能上、情感上的關係。」

啊，這回她們兩個都露出了無法理解的表情。分開住，但依然維持夫妻關係，這是很難理解的概念嗎？擔任料理雜誌總編輯的朋友聽到我的事情後，馬上說出標準答案：「這也可以是婚姻生活的另一種型態。」說著說著，不知為何，K突然大哭起來。我困惑地問她：「哎呀，妳為什麼要哭？」我跟她們強調，現在這個情況是我希望的，我可以過著我想要的獨立生活，所以應該要為我開心才是。凡事以家庭為第一的先生，為了我的「獨立」，已經做了許多退讓。我跟她們解釋，先生為了維持彼此良好的關係，所做的許多事，其實已經超越了他的底線。Y原本安靜的聽著，最後也安慰似的說了句：「好，我們努力賺錢。」看來不管我如何主張現在的情況是如我所願的，在他人眼中，無法帶著孩子，而離開家的我，處境很可憐。想到這裡，我也就不再辯駁什麼了。事後我才知道為了讓她們理解，不得不提高音量解釋的結婚狀態稱為「LAT」。

「LAT是Living Apart Together的縮寫，最直接的意思就是「在一起，但不住在一起」。意思就是伴侶各自住在不同地方，但彼此有什麼事情，不論是何時都會相互幫忙。某些學者認為LAT是歷史上全新的家庭型態。優點在於維持伴侶親密感的同時，也保存了個人的自主性。根據研究，英國約有百分之十，澳洲和加拿大等約有百分之六到八的伴侶是LAT族。曾是伴侶的伍迪·艾倫（Woody Allen）和米亞·法羅（Mia Farrow），還有提姆·波頓（Tim Burton）海倫娜·寶漢·卡特（Helena Bonham Carter）等都是有名的LAT族。維持彼此不同生活的模式，避免矛盾發生且各自擁有住所，不需要放棄原本的利益等，都是人們成為LAT族的理由。分居是一般家庭不和睦時做的，而卒婚通常發生在老年，但LAT族並非如此，他們沒有年齡的區分，也非婚姻家庭不睦，可以說是全新型態的婚姻生活。」（朴文覺《時事常識字典》）

「卒婚」大多是子女已獨立，而夫妻步入中老年齡時的做法。但「休婚」則可能發生在婚姻的任何階段。只是至今休婚的概念尚未確定，屬於剛萌芽的階段。但有一點可以肯定的是，休婚並不是「不正常」或「極為特別」的，現代的家庭也可能出現這種型態。記得在讀國小的時候，在課本裡學過「小家庭化」和「大家庭的崩解」。如今這些教育內容已被視為舊時代的產物，現在再也沒有人會把只有父母和小孩的家庭區分成小家庭了。

如今是「去除」的時代。在人的一生中，如果去除結婚，就是非婚族；在婚姻狀態中，如果去除小孩，就是頂客族；在婚姻狀態中，如果去除同居的話，就是LAT族。

「不就是為了住一起才結婚的嗎？不同住那為什麼還要結婚呢？」或許會有人提出這樣的意見。但這句話就如同我們上一輩的人常說的：「不就是為了生小孩才結婚的，不生小孩，那為什麼還要結婚呢？」有沒有必要，答案在各人心中。

# 不再做表面功夫

在休婚前，我們夫妻無止盡的爭吵，從決定暫時分開住那天起，就進入了緩和狀態。我們一起吃飯，一起喝酒，週日的時候還會一起去郊外。不再浪費那些不必要的感情之後，我們甚至可以看著對方的臉開懷大笑。但只要提起「那天」的事情，彼此又瞬間變得情緒化起來，開始用語言刺傷對方的心。因為那是讓我們關係走到現在這個地步的決定性事件。我們至今依舊堅持自己的想法是對的，絲毫無法體諒對方。不過就在十分鐘之前，先生還在我面前烤著肉，又因為提起了一些事，突然就生氣了。先生氣憤的離開，留下我一個人獨自喝著酒。那時候正好是晚餐時間，越來越多家庭進來餐廳用餐。獨自一人處在這些和樂的家庭中，我又點了一份豬皮打算繼續吃。我邊喝酒邊想：「這應該就是我跟先生分開之後的樣子吧！」就在我聳了聳肩且深深嘆了口氣後，先生又出現在我眼前了。先生說是為了讓彼此有冷靜的時間，才短暫離開。再次看到先生回來時，我有點驚慌，但內心一下子就釋懷了，甚至還有點高興。我們不再談「那件事情」，轉移了話題，在彼此的心情都很愉快時才回家。乍看之下，我們的關係好像很好，但這些都只是表面。因為我們不去碰觸樹根，而是輕輕撫摸樹葉而已。

終究是到了我必須搬走的那天，我正在打包行李的時候，先生打了電話過來，問我搬家費用和週末兒子住處的問題。坐上搬家公司的車後，到新住處的途中我跟卡車司機整整聊了一個小時。司機問我結婚幾年後，說了句讓我意想不到的話：

「結婚都五年了，還好像是新婚夫妻喔！」

什麼？現在我可是帶著行李要離開家的人，這是什麼話呢？看著我直搖手後，司機接著說：「剛剛講電話的氣氛很甜蜜啊！」

類似的情況又發生了一次。那是搬家的隔天，住在大田的作家招待了我。那位作家是我在曾參加過的讀書會認識的。她聽說我很會喝酒，也想跟我聊一聊，於是主動跟我聯絡。我直接對作家說：「其實……我好像會跟先生離婚。」說完突然覺得自己可以在沒見過幾次面的人面前，如此自然的說出這些話，實在很帥氣！我們喝得很愉快，正想多去買幾瓶酒的時候，突然接到先生的電話。只是一通問新住處是否會冷？週末兒子可以過去嗎？的問候電話而已。最後，我們互道了「晚安」才掛了電話。掛完電話後，作家睜大眼睛問：「這是要談離婚的夫妻會有的通話嗎？會不會太甜蜜了？」我告訴作家，我猜是因為我跟先生維持著不帶入感情的距離，所以才能如此互動。那位作家依舊非常好奇，不斷地問我問題，為了滿足她的好奇心，我也毫無保留的據實回答。最後我跟她說，我跟先生彼此愛著對方，只是性格不合才暫時分開住。沒想到這些話反而讓她陷入悲傷。（我再也不想去辯解「其實不是那樣」。因為嘗試了好幾次後，至今才了解，人們是不好說服的。）

不論是卡車司機，還是作家姐姐都只看到表面。我跟先生其實處於相當防禦的狀態。那些沒解決的情緒層層堆積，我們都努力不去碰觸。只是單純地說些日常生活的事，「孩子流鼻涕了，沒事吧？」類似這種不會讓人情緒激動的話，來保持理性。我們特意不說那些會令人不舒服的話，特別是像我們這種分開住的夫妻，如果兩人之間連輕聲細語都沒有的話，那忍受目前這些現況的意義和目標也就消失了。換句話說，正是這份危機感讓我們關係變好，不，是看起來關係很好。

休婚，也就是婚姻的休假，彼此的角色暫時中斷的意思。每個家庭都有不同或獨特的角色分擔或存在，一般來說先生身為一家之主負責經濟來源，妻子則負責家務和育兒。我擺脫了結婚這個架構下的義務，再次回到結婚前的狀態。在婚姻狀態中無法逃避的婆家和娘家的關係也暫時停止，現在的我感覺興奮且自由自在。但面對錯綜複雜的人際關係、情感，心裡都需要特意去中斷，讓我依然感到困惑。

那天為了整理剩餘的行李，我暫時回到「原本的家」。整理行李後，我又去了政府單位，幫因腰間椎盤突出而無法工作的公公詢問醫療費用的補助。再過幾天，公婆就會搬入「我們的家」，到時候我就無法按下那個家的密碼直接進門，而公婆和媳婦的關係也暫時中斷了。「幾月幾號開始休婚」我們並沒有明確的日期，但媳婦搬走而公婆搬進去的那天，是我自己心裡的期限。因此，在媳婦有效期內，該做的事還是要去做。我拿著資料走出政府單位時，給先生打了電話，感覺就像是在執行最後的任務似的。

我和先生、孩子住的家，家裡的客廳也兼書房。客廳其中一面牆全是書架，架上擺滿了我這十多年來所買的書。從單身到結婚後，我至少搬了五六次家。雖然每次都會丟棄一些，但至今還留有三百多本書。要搬去新家的前一天晚上，我坐在書架前呆呆望著，看來是無法全帶走了，必須有所抉擇。隨時都可以閱讀卻從沒碰過的書、無法再次閱讀的書……感覺每一本都是那樣的特別。經過一段時間的挑選，書架上的書少了一半。那就是那個家最後的風景。

四天後，我接到了先生的電話，先生問我剩餘的書是否可以丟掉。我內心其實很希望可以保留下來，但同時也想起廁所外留言板上的訊息：

「為了要搬進來人，請把位子空出來。」

就這樣，因為休婚，我們不再做表面功夫了。

貳——

# 為了不分開，我們決定休婚

# 左手的第四個手指

今天是星期五。我和朋友們一起喝了酒，鴨肉配上燒啤[4]真的太完美了。「實在太飽了，我再也吃不下了。」朋友嘴上雖然這樣大聲喊著，但在續攤後依然吃得豪邁。真的飽到快要吐的時候，又有一位朋友說等等會到。我實在太過疲累，就先回朋友家休息。打開電熱毯，一下子就溜進了被窩內。拿起手機一看，有四通未接來電，都是先生打的。

我撥了視訊電話過去，躺在床上的先生和孩子，熟悉的模樣映入了眼簾。在這個小小的四角方格內有兩個男人，看到孩子枕在先生胳膊上躺著的天真臉龐，我突然有些不知所措。孩子是那樣天真又可愛，因為這個表情，我心裡默默地產生了罪惡感。正當我跟孩子童言童語地聊天時，先生突然插了話：

「不要喝那麼多酒。」

「我沒喝酒。最近，胃不太好，根本無法喝。」

「今天喝了吧？」

哎呀，被發現了，本來想盡可能隱瞞的。

「喔，喔……今天喝了一點。」

「我一看就知道了。」

我也是。只要聽聲音，就知道先生有沒有喝酒。

「要好好照顧自己。」

「啊，那是當然的！」

「你有驛馬星命[5]，知道吧？」

4 燒酒和啤酒的混酒。

5 驛馬星：在命理學中指不宜困守在家，總是忙個不停，必須到處走動的命格。

「什麼？驛馬星？」
「啊，還是……桃花運？」
「我沒有那種命盤吧？」
「總之，好好照顧自己。」
「我知道了。我愛兒子，還有……」

還有你。

「結婚戒指，我依然還戴著。」
在這個小小的四角方格內，我看到先生揮動著左手第四個手指。
關燈後，我躺在床上反覆回想著不久之前的對話。
「我愛的還有你。」這句說不出口的話。

好陌生的感覺。可以再次自然地說出「我愛你」這句話，那天真的會來嗎？

我伸出左手，在黑暗中望著閃閃發亮的戒指。

# 即使馬上離開也不奇怪

獨立生活五天之後，正好是中秋節連假。因為連假，我把兒子接到我家。待在小小房間內，覺得有點悶。即使曾住在二十五坪的公寓裡，我需要的空間也不過一坪而已。我總是待在臥房的椅子或床上。屁股所佔的面積也不過就那麼大，其他的空間都是多餘的。「更多」是讓人類感到安全的條件嗎？但在過去，即使倉庫內積滿穀物，我的內心也不會因此感到富足。現在這個家沒有多餘的東西，所有東西都是物盡其用。到底要如何讓該有的東西放在該放的地方，且又剛好有那個空間呢？在這裡，我跟兒子躺下來就滿了，我們不想移動，也不想出去吃東西，身體就這樣在被窩內融化。幸好想起了個不得不出門的理由，為了給不動產公司匯仲介費，因此不得不去一趟銀行。於是，我幫兒子穿好衣服後，兩個人手牽手出門。

我們沒有開燈，一直待在暗暗的房子裡，連外頭天氣這麼好都不知道。蔚藍的天空，陽光很溫暖，我的心情也跟著變好。為了去銀行，必須穿過捷運站地下街，開闊的候車室和冰冷的空氣讓我有點昏沉。但隨後車道的繁雜聲和超市內擴音器的吵雜聲，頓時間讓我腦袋清醒起來。腦中好像有什麼冒了出來，我不知道那是有關人生的意志，還是有關吃飯的意志，它讓我決定走進超市看看有什麼可買。

我和兒子坐在捷運地下街，一起喝著草莓牛奶和巧克力牛奶。平日總是匆匆忙忙路過這個人潮擁擠的地方，如今卻給了我悠閒感。這是我第一次特意在這裡休息，不知道是不是因為空間影響了心理，我的腦中冒出各種大大小小的想法：慾望、厭倦、不安、憤怒、平和、敬畏……。

當我為了相差幾千塊的房租在苦惱的時候，朋友跟我說：「我看過某本書上有這麼一段話『天花板越高，創造力越強。』」這句話，讓我想起了今年夏天去的鎮川梨峙聖地[6]。那裡是天主教被迫害的時代，教徒們躲藏的山谷，後來成為了天

6 位於韓國鎮川郡，此地有許多天主教殉教者的墓。

主教的聖地。即使是沒有宗教信仰的人，來到肅靜莊嚴的教堂內，也會不由自主地變得虔誠。在與世無爭的氣氛下，教堂非常漂亮，我還因此拍了照片。此處教堂的天花板，是我看過的建築中最高的。天花板由玻璃打造而成，讓我聯想到，曾經住過可以直接看到天空的濟州島民宿廁所。那間廁所從外面看起來，就像是一個沒有天花板的空間。根據朋友的論點來看的話，那間廁所應該用來當作工作室吧！

「多付幾千塊住在更寬敞的家吧！空間變寬敞了，工作也會更順利的。」聽完了朋友的建議，過往的人生影像在我眼前快速回轉。我用小筆電工作過的地點有：圖書館的多媒體室、咖啡廳、床上、折疊式桌子、大樓的休息室……我閉著眼睛回顧後，對朋友說：

「我好像不受空間的影響。」

不是空間的問題，是集中注意力與否的問題，我有點得意洋洋。但那不過是無視空間和心理關係的傲慢。

即使房間小，也絕不會因此變得鬱悶。因為從二十四歲開始，一直到結婚前，我都住在小套房裡，也沒因此得到憂鬱症。那為何現在的我會如此沮喪呢？是因為這個房子在一樓，所以我無法打開窗戶嗎？應該不是這個原因。我住在十五層樓高的大樓時，也從沒好好看過外面的風景。當時對外的整面窗是大片落地窗，對面樓層的住家，彼此都能看得一清二楚，因此窗簾我都是二十四小時拉上的。還是因為大門入口是垃圾場呢？嗯，這個說法比較有說服力。每次進出，我都不自覺地繃著臉，但進到屋內的瞬間，就會忘記。

還是因為電燈太過昏暗的關係？我換上了新燈泡，不過，可能是線路的問題，房內一共有三個地方裝有電燈，但只有其中一盞會亮。原本需要三盞燈的空間，只剩一盞，自然會灰暗了。知道原因之後，我放心了，因為電燈壞了，只要修理好就行。為了再找出讓我憂鬱的其他原因，我在房間各處繼續找尋，但沒有發現任何我討厭的地方，因為這可是我千挑萬選的房子。

「你所居住的空間會決定你的人生。」

之前偶然在書上看過的句子突然讓我很在意。先不管這句話是否屬實，但有不少人認為房子代表了主人的人格。來到大田之前，我和先生孩子一起住的地方是一個重劃區，原先是農地，後來才開始蓋起房子。這裡有很多跟我們一樣，從外地搬來的人。因為沒有百貨公司、文化中心、大型超市，許多習慣大都市生活的人，搬來這裡後，覺得沒有什麼娛樂而變得憂鬱。但對我來說，遠離充滿消費氣息的大都市，是件很棒的事。遼闊的天空和寬敞的平地，讓人的心情變得無比舒坦。

有一天，我在火車上，聽到同社區住在二十九坪到三十四坪E幢公寓的媽媽們，輕視那些住在二十五坪S公寓的孩子們，還說他們是乞丐之類的話，實在讓我很無言。好笑的是，E幢公寓和S幢公寓都是同一個建商蓋的，當年的銷售價也差不多。連這個沒有校區，交通也不便利的小小鄉下社區內的居民，也用坪數來區分階級，實在可笑至極。看著這群不論去哪裡，都會令人掃興的媽媽們，我忍不住幼稚的對她們說：「真應該帶妳們去江南看看！」

雖然認不認同「家代表階級」的想法是個人自由，但每次看到新聞上有相關的報導還是感到憤怒。不過，我也只是個普通人，而且我現在住的地方處處都有問題。雖然是套房，但因為在一樓，所以透過窗戶，裡外都能看得一清二楚。髒兮兮的大樓入口、昏暗的室內燈光，因為發霉而被丟棄在外頭的床墊……所有的一切讓我再次想起四年前的我。那時候，「入住公寓」是我的人生清單中的優先順序。因此慫恿先生購買了新興區的新公寓。只是還住不到三年，我就再次住回了套房。

我趁著中秋連假帶著兒子回娘家。本來這次並不打算回去，因為我和先生的事，使我無法安心回到娘家。爸爸還不知道這件事情，但媽媽和外婆已經知道事情始末了。也因此，我不得不聽媽媽叨念許多勸告之言。媽媽依然對婆婆感到過意不去。原來打算連假就待在新家的房裡閉門不出，後來讓我改變計畫，打包行李出去的理由只有一個，那就是我討厭待在這個空間裡。

「看著媽媽的臉，我也不好過。這次連假我就留在這裡過節，把工作做一做好了。」一想到自己在假期前還信誓旦旦的這麼說，實在讓人感到羞愧。原本想說最長住個三天二夜就好，結果變成了六天五夜。最後一天是先生要把兒子帶回去的日子，於是我們一大早就急忙從娘家離開了。如果不是先跟先生約好，說不定我還會在娘家住得更久。

公寓生活的舒適感，讓我可以無視對父母的罪惡感及冷落，不知廉恥的每天吃好睡好，最後一天甚至吃了鰈魚生魚片配啤酒。因此，為了不磨磨蹭蹭地又過一天，我一大早七點就離開了。

二小時四十分後，我回到新家時，停車場已經沒有空位了，我只好停在路邊。大樓入口依舊髒兮兮的，打開玄關門的時候，明明是早上十點，卻像是晚上十點那樣昏暗。打開電燈，映入眼中的是空了一週的房子。因為我只睡了一晚，就直接回娘家。過了一週的今天，在這個房間要度過第二個晚上了。

我的心情突然變得有點奇怪，對於我這個新的主人，沒有好好愛護房子，我感到很後悔。再次回到這裡，我沒有很開心，但也不會討厭。我不由地對房子產生了感情。不過住了一晚，就產生如此可怕的感情嗎？這裡不過是個月租的套房，即使明天馬上離開，也沒什麼好奇怪。不過是我盡快賺到錢後，就要「逃出」的空間而已，彼此都是異鄉人的關係。間隔一週後，我洗了米煮好飯，也熬了湯，這個房子才真的走進我的人生。

# 各自的餐桌

這次在娘家待了幾天，我發現一件事。那就是在娘家，大家想吃早餐的時候，是各自去吃的，不會刻意圍坐成一圈，一起坐下來吃早餐。為何我如今才發覺呢？在某個起得晚的早晨，我肚子有點餓了，邊打開飯鍋邊對著還在房內的妹妹喊道：

「妳要吃飯了嗎？」

「不吃。」房內傳了一個極為簡短的回覆。

「都幾點了，還不吃早餐？妳肚子不餓嗎？還是多少吃一點吧！」我和妹妹之後並沒有像這樣多餘的對話，因為肚子還不餓，自然不想吃啊！我也是如此，於是我就只盛了自己的飯。

在婚姻生活中，讓我痛苦的事情之一就是吃飯。婚前，我是不吃早餐的，如果當天有吃早餐，到午餐時間，因為尚未消化，通常午餐就不會吃。但公婆家則有固定的早餐時間，所以若在公婆家過夜，隔天早上，一定要一起吃早餐。不管有沒有胃口，也不管肚子餓不餓，一定要坐下來拿起碗筷用餐。因為還不是身體想要吃飯的時間，所以食物一進來，腸胃就像原本悠哉悠哉摸魚的員工，突然看見應該在外拜訪客戶的主管般驚慌失措。我的腸胃運作在早餐時間，正處於休息的狀態，怎可能消化得了。

而娘家沒有一日三餐的習慣。特別是我母親奉行「一日一餐」和「少量進食」。偶爾一天三餐都吃了的話，肚子直到隔天還是脹得很。在公婆家，即使我再怎麼努力吃，婆婆還是一臉擔心地對我說：「怎麼只吃一點點，這樣不好吧？」超過三十年，先生每日三餐都吃著婆婆準備的飯菜，飲食風格自然和我完全不同。這並沒有對錯，只是不同的餐桌文化而已。

婚後某個週末早晨，我原本想一直懶懶散散躺在床上，但先生一睜開眼，就問我說：「今天早餐吃什麼？」雖然我已經慢慢習慣了，但連週末早餐也必須準備，對我來說，真的是一件苦差事。更何況對先生來說，麵包或麥片加牛奶之類的食物，根本不是「早餐」，而是我隨意應付的「不關心」。當然，在家並不是我一個人獨自準備早餐，因為先生是一位非常熟悉廚房的男人，對菜刀等廚房用具比我更加感興趣。我至今還不太會煮海帶湯，但先生煮海帶湯的手藝卻是一流的，還有明太魚乾湯，好吃的程度更是無人能及。先生擅長料理湯品，而我擅長料理主菜。我們兩人一起做飯時，是最完美的搭檔。但是，我只想在我想吃飯的時候做飯，並不是時間到了就必須去做。

有一次，孩子因為睡過頭，上幼稚園就快遲到了，我不禁想：

「今天乾脆留在家好了？」

腦海裡才剛浮現這個念頭，就立刻打消了。

「不，不行，孩子得去學校吃飯。」

想到這點，我拖著疲累的身體立刻起床，開始幫孩子準備上學。是呀，我為了吃飯這個理由，才一定要把孩子送到幼稚園。這樣的話，孩子放學後，我只要準備

Time
MILK
500ml

晚餐就可以，如此一來，我也減輕了做飯的壓力。比起去學校學習體育、美術、音樂、戶外教學等課程，一天只需要為孩子準備兩餐飯這件事，更讓我感謝學校的存在。因此，寒暑假對我來說，根本就是地獄。因為那整整兩個星期，我必須一天準備三餐。

朋友發生了輕微的交通事故，他正在停車的時候，突然有車從旁邊撞過來。朋友的腰和脖子因此受傷，在醫院小住了一段時間。我心裡覺得：啊，真是不錯！在醫院裡一日三餐都有人準備。兩年前，我曾因為孩子生病的關係，在醫院住了一段時間。從沒被幼兒園病毒感染過的兒子，竟然得了肺炎。那時候孩子剛滿週歲吧！第一天，我覺得醫院很悶，也很無聊，沒想到過了兩三天後，就慢慢適應了。只要時間一到，就有人送飯菜來，等到了第五天，聽到醫生說可以出院時，心裡居然還有點不捨。人們為什麼喜歡旅行呢？我想應該也跟吃飯有關吧！在旅行途中，不需要自己做飯，也不需要洗碗。朋友也和我有同樣的感覺，住院之後，最常想起來的就是吃飯時間。早餐八點，午餐兩點，晚餐五點。每一餐醫院都會根據菜單準備好飯菜。

有一天，先生早早下班後，我們一起煮了晚餐。我放下碗筷，大聲說道：「唉，為什麼人類要做這麼沒有效率的事呢？為什麼一定要吃飯呢？」先生坐在自己的位置上，回答我：「不要說什麼哲學家的話，好好吃飯。」

仔細觀察後，我發現人生其實就是吃飯。如果不吃飯，只是工作的話，那有多悲哀。相反地，和家人好友相約去吃美食時，心情就會特別愉快。媽媽們為了幫孩子做飯而趕緊回家、中年女性擔心丈夫會餓肚子而無法跟朋友去旅行……。吃飯這件事情跟人生緊緊相扣。如果人類不吃東西，生命自然無法延續，但偶而一餐不吃的話，並不會威脅到生命。

我明明很想跳過一餐不吃，但先生好像少了一餐就會出事似的，為此我常常得在腦中翻找原本就少得可憐的食譜。每當先生去國外出差時，我就會開始犯罪，當然這是從先生立場來看。我跟兒子有時候東摸西摸，吃飯的時間過去後就不吃了；有時候則是隨意吃些麵包或水果。我心中雖然有些罪惡感，但也邊想「就今天一天而已」邊享受著這份慵懶。在這當中還伴隨著悠閒的心情。就好像被吃飯綁架著的靈魂，稍微得到了喘息。話雖如此，但看到兒子不吃我做的飯菜，我還是非常傷腦筋。結果，問題還是吃飯。

悲慘的被吃飯束縛住的人生，如今因休婚而終止了。不必再根據規定好的「時間」吃飯，而是「肚子餓的時候」才吃飯。我再次回到那個我熟悉且本應該如此的生活，有時候不吃早餐，有時候會簡單吃麵包配牛奶。晚餐的話，也是肚子餓了才吃，如果不餓就直接睡覺。

不過，我也意識到如今的自己跟結婚前不同了。單身的時候，我總是外食，家裡沒有飯鍋。而且每次搬家的時候，都會想：「如果沒有那個毫無用處的廚房，房間應該可以更大吧！」

休婚之後，我回娘家時，母親問我：

「妳家裡有冰箱嗎？」

我的形象居然是如此！之前曾經發生過一件事，有次我正切著一顆放了太久的洋蔥，洋蔥因為變軟了，切的時候刀不小心偏了，結果切到了大拇指。醫生跟陪我去醫院的朋友說，如果再深一點，就需要縫了。當時朋友還對我說：「看來是因為太久沒用菜刀，才會切到流血。」不，怎麼說我也是個「媽媽」。在有孩子的家庭中，怎麼可能不做飯呢？我每天都有使用菜刀，每天也都有煮水。但他們對我的印象，好像始終停留在二十四歲時的我。但對此，我也無法反駁。

這樣的我，如今會認真洗米，再按下飯鍋的按鈕。我也曾是不吃「解凍米飯」的人，現在一個人生活後，會把吃剩的米飯分成小包裝後放進冰箱冷凍。因為休婚而搬出那個家的時候，飯鍋、鍋子、各種廚房用具和碗碟，甚至連醬料都通通帶走了。就像綿綿細雨也會淋濕衣服那樣，看似簡單的小日子，要準備的東西也是不容小覷。而且我也想作為全新的「女人」把生活過得充實。搬家當天晚上，先生下班後打了電話給我說：「都帶走了吧？」

看來每週末早上洗米的我，在過去五年的婚姻生活中，雖然過得稀裡糊塗的，但好像至少有了點主婦的意識。這全部都是身為「吃飯達人」先生的功勞。有一次，我去外地講課，回家的路上，想起了吃飯這事情，隨之也馬上想到了先生，先生應該正吃著婆婆準備的飯菜吧！像這樣子一直想著吃飯的事，突然想到，如果我也能吃到母親做的飯菜該有多好。

對於吃飯這件事，每個人賦予的意義都截然不同啊！

# 孩子的內心

我跟幼稚園老師約好要做家長會談。

過去兩年的家長會談並沒有什麼特別的，但這次完全不同。老師大概已經知道，孩子現在只有週末才會見到我，但具體的狀況並不曉得。我可以編造因工作關係不得不過著週末夫妻的謊言，但我不想說謊。老師只有知道孩子真正的家庭狀況後，才能找到適合的教育方法。

我的孩子有段時間常常搗蛋，亂丟玩具、推倒同學，甚至弄傷對方的臉。雖然那位同學的父母說沒有關係，他們可以諒解，但我心中始終無法心安。於是，寫了封親筆信和藥膏一併寄給對方。但是才過沒幾天，兒子又動手傷了另一位同學的臉。這些連續發生的事件，讓我不知如何是好。「啊，真的快瘋了。」我不自覺的在老師面前不斷叨念著。感到苗頭不太對的老師對我說：「媽媽，這種事情在孩子們中很常發生。」但我知道事情並非如此簡單，孩子一定是因為，我們夫妻經常在他面前激烈爭吵，才會產生這樣的行為。想到是夫妻吵架影響了兒子，我的情緒再也控制不住了。愧疚、抱歉、茫然、淒涼……各種情緒交雜一起，我突然慟哭不已。面對學生家長突如其來的崩潰，老師顯得驚慌失措。而我對自己突然間情緒湧上，也不知該如何是好？兒子一定是因為家庭氣氛不睦才會變成這樣。家長在聽到孩子的事情後，在自己面前哭泣，不論是哪位老師，又怎麼可能毫無顧慮的繼續跟家長說孩子的情況？因此我們家目前的狀況，我需要好好的跟老師說明才行。

下午五點，我在約定好的時間來到幼稚園。我把現在家裡的情況一五一十地全告訴了老師。老師是位女性，是人生的前輩，同時也是師長，她認真聽完我的事情後，跟我說兒子在幼稚園有段時間過得比較辛苦。那段時間，兒子很敏感，又極為挑剔，常常不耐煩。現在回想起來，或許正是我們夫妻吵得最兇的時期。我和老師也很自然地再次提到那天我莫名大哭的事，老師接著說，現在兒子已再次變得開朗了，這時期恰巧是休婚之後。我也聽到了一些先前不知道的事情，兒子在由奶奶帶著上下學的頭一週，總是邊哭邊抱著老師不放，而這週上下學情況比上週好多了。老師猜測是不是週末有跟媽媽一起度過的關係。

我也跟老師分享了幾天前發生的小插曲：

「我不是跟兒子說我現在住的地方是『媽媽的家』，而是告訴他『這是媽媽的辦公室』。因為先生不希望兒子意識到爸媽分開住這件事情，所以叫我那樣說。幾天前，我抱持著試探的心態問兒子：『你覺得爸爸媽媽為什麼沒有一起住呢？』沒想到他很機靈地回答：『因為媽媽爸爸吵架了。』我真的嚇了一跳！我們以為他不知道，還拚命的在演戲，其實他早就已經知道了吧？」

老師聽完，咯咯笑出來，並跟我說：

「孩子們都知道的。」

老師把兒子的作業拿給我看。上面的標題是「你想跟媽媽和爸爸說什麼話呢？」在下面的方格內，是老師聽完兒子的答案後，幫忙寫下的文字：

我想跟媽媽、爸爸一起出去玩。

我剛走出幼稚園，就收到一通訊息，是先生傳來的。

「今天是面談日吧？」

時間未免也算得太準了，他該不會一直在監視我吧？我忍不住瞧了瞧四周。我把面談感想跟兒子說的那句話告訴了先生。先生馬上說：

「我們一起來安排秋天旅行吧！」

為了孩子分開居住，又為了孩子保持聯絡，這就是所謂的夫妻姻緣吧！

# 和婆婆再次相遇

每個週末跟兒子的見面，好像隱藏著什麼沉重的東西似的。作為休婚中的夫妻，「移交」孩子的過程，首先必須事前告知對方碰面時間，每週五晚上，我會去先生家帶孩子。到達先生家前十分鐘，我會打電話給先生，然後在地下停車場開著車燈等他們出現。

剛開始的時候，我還猶豫著要在車內，還是車外等。如果在車內等的話，感覺一點也不像五天沒看到兒子的媽媽。可是我又不想下車等，因為我不想讓先生看到我迫不及待的樣子，就好像我認同「兒子是那個家的小孩」，而我只是來暫時借小孩的感覺。在毫無道理可言的糾結之後，我選擇在車內（盯著停車場大門）等，等孩子出現在門口時（我也不自覺地）邊開心地叫著（其實是大喊）兒子的名字邊下車迎接他。

頭兩週，先生把兒子交給我的時候，完全不看我一眼。就好像法律規定休婚中的夫妻，如果對上眼睛的話，就是違規似的，先生徹底的忽視了我。這個男人明明在電話中對我事事關心，一見到面卻把我當成陌生人，實在荒謬至極。不過，我也只是在內心想「又開始了」，但並不在意。因為比起女人的心，男人的心更像蘆葦般搖擺不定。慢慢的，我們開始會說幾句話。突然有一天，先生跟我說：「路上小心。」又有一天，給了我幾千塊說是油錢。到後來，我們還先一起去了賣場後，我才帶兒子離開。像這樣，每週共度兩次短暫的時間之後，我們也慢慢習慣了。問題是雙方的父母。

現在，兩家的父母已經沒有聯絡了。不知道先生是怎麼想的，至少我是既歉疚又惶恐。休婚前兩週，對於我們夫妻來說是緊張又不安的時期，根本不可能提前跟家裡長輩說明或討論這些情況。今天建起高牆，隔天又推倒的情況持續上演著。我們決定休婚之後，先生才把這些事告訴了公婆。公婆決定了我搬家的時間，於是我就搬走了。這就是全部的過程。

我最後一次跟婆婆通電話是休婚前一個月的事情了。那天，我們夫妻又吵架了，先生不斷的對我亂說話。先生的老毛病之一，就是會說婆婆根本沒說過的話。先生說婆婆討厭看到我，又叫我不要跟她聯絡。這些戲碼看似不同，其實手法相同，我受騙了好幾次，但並沒有放在心上。不過那天我實在氣不過，於是打算直接向婆婆問個清楚，便在先生面前打電話給婆婆。我跟婆婆說先生說您有講過這些話，是否是真的？婆婆聽完之後，深深嘆了口氣說：「怎麼可能！」接著，平日裡總是站在中間勸說的婆婆，在那天說了不同的話：

「我看呀，你們兩人個性實在太不合了。從今天起，是炫妳想做什麼就去做吧！如果孩子沒人照顧，我可以幫忙，妳就照自己的心意去做就可以。」

我跟婆婆說：「孩子我會自己照顧。只是，現在我的情況不太好，如果您能幫忙先照顧的話，等我安頓好之後，再把孩子帶走。」婆婆回答，只要我願意，她都會幫忙。那天，我們婆媳兩人哭哭啼啼地通電話。講完電話之後，我因為悔恨和抱歉又哭了許久。哭了好一陣子，等我停止哭泣，平靜下來時，我的內心和頭腦突然變得清醒了。對於跟先生關係的留戀、後悔、惋惜、害怕等變得不那樣重要了。說不定從那個時候開始，我已經做好跟先生分手的準備。和先生在那次爭吵和好後，因為沒有什麼特別的事要跟婆婆說，因此原本關係就薄弱的婆媳並沒有持續聯絡。直到休婚後，和公婆家的聯絡很自然地中斷了。沒有再次聯絡的勇氣，也沒有再次聯絡的名份，就這樣因為不合情理，便假裝沒事了。

這樣的假裝，到後來演變成對公婆的厭恨。如今看來是我為了不讓自己倒下的自我防衛。因為如果我不恨公婆的話，那就沒有什麼原因好用來解釋，自己至今沒跟他們聯絡的不孝了。有人跟我說：「不會吧！公婆也不問妳是否同意搬家的日期，就這樣告知妳而已嗎？他們以為只要媳婦還活著，只要叫一聲就會回來嗎？」當時，我看到如此激動的反應，嘴巴上反駁並不是如此，但隨著時間流逝，那句話卻始終留在我的腦海中。結果，某次我跟先生吵架時，忍不住大喊：「只要我不在就行了吧？只要我離開，你就可以照顧可憐的爸媽，媽媽也不需要那樣辛苦地去療養院工作，你的薪水就足夠養她了，對吧？所有的事情都能如你所願了。」

因為憤怒、厭惡、背叛、懷疑等所有情緒而產生的自卑感，讓我看不到每天無微不至照顧孫子的婆婆，我的眼中只有對孩子的不捨。

日夜溫差大的秋天，我在幼稚園看到兒子穿著保暖褲。才剛十月，就穿保暖褲！幼稚園老師看到我吃驚的樣子，開玩笑地跟我說：

「看起來像是沒有媽媽的孩子吧？」

這句話殺傷力很強，但我一點也不吃驚，因為我也是這麼想。還有每天都要在兒子脖子上圍上口水巾的做法，我也非常不喜歡。兒子已經不是口水流不停的年紀了，為何還要每天圍上口水巾。「拜託不要讓孩子看起來像是沒有媽媽的樣子」、

「保暖褲是十二月到二月這段時間才會穿的」。雖然我已經傳簡訊跟先生特別交待了，但依然沒有任何改變。婆婆現在要照顧腰部動過手術的公公，和還在讀幼稚園的小孫子，已經消瘦了很多，我猜先生已經無法對媽媽再有所要求。

這是十一月參加父母教育培訓課程後當天的事情了。那天同學們說要一起吃飯，於是把孩子們都帶到某一個同學家聚會。那天，我兒子也穿了保暖褲。其他媽媽們看到了，感到十分驚訝。「才十月而已，就開始就穿保暖褲了？」聽到我放棄了的口氣，大家都投以心疼的眼光。我跟女主人借了條居家褲幫兒子換了褲子。也因此，開始討論起「媽媽和婆婆的育兒方式」這個話題。所有的人都知道的事情，實在無法理解，為什麼只有先生和婆婆不知道。

某天，用「我的標準」來看，是只需要穿一件衣服的天氣。但我在幼稚園上傳的照片中看到兒子穿了兩件衣服，頭髮都被汗浸濕了。於是，當週我在聯絡簿上留言了，當然這些內容婆婆會看到。

「老師，非常不好意思，孩子進到教室後，請幫孩子脫下外衣，只要穿一件就可以了。因為幼稚園內很溫暖，萬一流汗的話，在外面吹到風更容易感冒。」

其實我是故意寫給婆婆看的。

每週三，我在先生住的社區圖書館授課。那天，我在去的途中，正要轉彎的瞬間，看到眼前出現一輛熟悉的車，那是先生的車。我腦中瞬間有些混亂了，現在是早上九點半，先生這個時間應該在公司才對。可是車……剛想到這裡，車子就停下來了。在我眼前約二百公尺處，婆婆開著車正在等紅綠燈。在燈號變綠時，婆婆開車通過十字路口。我完全不敢動，婆婆有沒有在後照鏡中看到我已經不重要了，因為時間已經不可能倒流。我到底為什麼要躲起來？不，躲起來這個目的有完美達成嗎？

但跟婆婆不得不見面的事情還是發生了。每週五都能夠好好移交兒子的先生，那天好像因為公司的事情，忙得無法準時下班。

「我已經跟媽媽說了。」我假裝沒有聽到先生說的話，直接回說：「讓小花鹿自己搭電梯到一樓，我在一樓等。」先生聽了並沒有生氣，只是跟我說：「他一個人搭電梯會哭的。」我腦中一片混亂，再也無法找到合適的說詞。於是，我跟先生坦白：「爸爸腰部動手術時，我發了問候簡訊給媽媽，但媽媽根本沒回我，我見到她會很不自在。」先生回答：「只要簡單打一下招呼就好。妳快到的時候，給我打電話吧，我再打給媽媽。」我不可能因此而不見兒子，因此一整天胃都很不舒服。我帶著沉重的心情去先生的家，快到前的十分鐘，我打了電話給他。不知為何先生已經在家了，休婚之後我第一次用愉悅的聲音對他說：「咦，老公，你在家喔？」

那次，我就這樣逃過了一劫。一週後，我又再次遇到了相同的情況。前一次，我嚇得半死，這次應該算有點經驗了吧！而且不管怎樣，之後總是會遇到，我有點死心了。我在一樓大門前想了許久，是要按密碼直接進去呢？還是按門鈴？

八十號。我按下了門鈴。

有多少人會按自家的門鈴呢？我第一次覺得門鈴聲如此陌生，大門被打開了。

我走進大門後，又開始遲疑了。現在直接上樓好像時間不太對，婆婆幫兒子穿好衣服、鞋子後再出來，總是需要花點時間。不管是在八樓電梯前等，還是在一樓大門內等都讓我很為難。還是先在一樓耗些時間後，再上樓比較好。我站在一樓看大樓公告欄上的內容，等時間過得差不多的時候，才去搭電梯。一樓，二樓，三樓……我看著電梯內的鏡子，我需要脫下外套嗎？四樓，五樓，六樓……婆婆會看到我的短髮造型，之前她說我留長髮很好看……七樓，八樓。叮！

電梯門一打開，兒子和婆婆立刻出現在眼前。由於實在太過驚慌，我語氣生硬的叫了聲：「媽……媽……您好！」從電梯內踏出一步，一手尷尬地牽著兒子的手，另一手接過婆婆準備的兒子行李。我正打算往後退一步，回到電梯的時候，婆婆說話了。

「要進來坐一下再走嗎？」

我跪坐在客廳，心不在焉的看著兒子開心的玩著黏土。公公一句話也不說，就那樣坐在沙發上，婆婆跟我簡單說著孩子的生活。

「小花鹿真的很可愛。要去幼稚前都會對他爺爺說：『爺爺，我去上學了。』接著指著他的娃娃說：『和愛哭鬼一起在家等我喔！』才去上學。」

「飯吃很多，便便也拉很多喔！」

「衣服的大小有點難選。穿一百一十的話，肚子有點緊，穿一百二的話，又太大了……」

婆婆雖然是在跟我說話，但我們兩人都望著兒子。要是沒有兒子在場，我們的眼睛實在不知道要看向哪裡。婆婆問我：「要不要吃完飯再走？」我並沒有懷疑這句話的真心。但婆婆說兩次，我就拒絕兩次。雖然有肚子不餓、不自在等各種原因，但真正的理由是：在公寓大門前，苦惱要按密碼或門鈴？在電梯內看著鏡子苦惱要不要脫外套？看似很一般的狀況，現在卻非一般。如果我留下來吃飯，又要苦惱其他事情，例如：要不要洗碗？吃完就可以離開了嗎？我的處境好像位在媳婦和客人之間。

大約在客廳待了十五分鐘後，我站了起來。不，其實我不知道具體過了多久，好像很短，但又感覺過了很久。我跟始終保持沉默的公公說再見後，跟婆婆一起搭電梯到停車場。等兒子坐進車內後，我站在婆婆的面前說：

「媽媽，對不起。」

我抱住了婆婆，婆婆開始哽咽了……

「是炫呀，我真的覺得妳很可憐……」

我沒想到婆婆會這麼說。我以為她會討厭我、埋怨我。不管真實的情況如何，把自己的兒子和孫子丟下而離開的媳婦，婆婆不討厭我才奇怪。不，說不定婆婆是討厭我、埋怨我的。只是媳婦正站在自己面前，婆婆天生感性又心腸軟才會如此。沒有看到媳婦的過錯，依然用愛包容著，原來我之前都是自己在嚇自己。

「媽媽，我一點也不可憐。我真的過得很好。」我的聲音和手都用力回應著。

從公寓離開後，可能緊張感消除了，我不自覺地吐了一口氣。「果然，這樣很好……」跟公婆相處時，感覺到某種特別的舒適感、安心和溫暖，不管什麼不好的心情也會被公婆散發出的氣氛融化。

「要進來坐一下再走嗎？」因預想不到婆婆的邀請而驚慌失措的我居然回答：「好呀！」我腦中回憶著剛剛的情景。打開門，走進屋內後，房間很溫暖。婆婆邊幫兒子脫下外套邊說：「流汗的話，會感冒的，妳也把外套脫下吧！」

瞬間，我狠狠地敲打了方向盤。我實在太膚淺、太丟臉了。那個可惡的聯絡簿，真想馬上撕破它。

隔週，因為先生出差的關係，我又必須跟婆婆碰面了。這次我在一樓大門按下密碼直接走進去，也馬上搭電梯到八樓。按下門鈴之後，我在玄關抱住了兒子。

# 叁——休婚後第五十天，中途檢討

# 有關工作：再次成為社會人士

五十天過去了。我知道人生原本就不可能完全照著計畫來走。但站在現在這個時間點回頭看，目前的一切通通都不是我最初計畫的那樣。

首先，我加入大學同學新創辦的公司已經一個月了。剛開始的時候，公司成員只有同學、我，以及一位新應聘的員工，總共三個人。我在同學的公司上班是沒有薪水的，即使需要透過額外打工來維持生計，我也願意無酬上班。連一日三餐都是問題的我，現在怎麼還會做出如此不切實際的選擇呢？如果讓實際的先生知道的話，各種忠告和擔憂肯定會沒完沒了。先生常常跟我說：「人活著不要太過理想，要看清楚現實。」我會加入初創公司的理由非常簡單，只是覺得好像很有趣。難怪朋友會說我的選擇「真是莫名其妙」。對我而言，如今如果工作不好玩，或是無法讓心怦怦跳的話，我就不想做。明明現實條件已經岌岌可危了，我還不想認清現實，是不是還不懂事呢？

幾天前，圖書館終身學習中心的院長參觀了社區圖書館舉辦的課程。正巧我準備的課程「人生中的重要價值」在這裡開課，於是院長也聽了我上課。我說我的價值就是「挑戰」的時候，院長問我：

「那麼毫無止盡的挑戰，走到最後會是什麼呢？」

「我只是覺得自己的慾望很強烈。先創造出只屬於我的什麼東西之後，不是應該在那個基礎上繼續前進嗎？」

「不考慮結果，終身挑戰的話……而且我們不是還有家人嗎？」

這個質問太過尖銳了。我暫時停止回應，開始思考這句話。「不是還有家人嗎？」我心頭一陣刺痛，我到底是為了什麼，甚至走到休婚這一步呢？思來想去，對於我來說，果然沒有所謂目標或夢想這些東西。我只是隨波逐流，在生命的河流中找尋生命賦予我的意義，然後立刻投入。這就是我對於人生的態度。

「我把每一個經驗看成一個『點』。對於我來說，沒有不需要的經驗。我認為不管是休婚還是初創公司都是構成我生命的重要經驗，這個點在往後會跟怎樣的點連結，是誰也無法預料的。」

其實，「挑戰」這個詞賦予的重量是非常沉重和粗糙的。你認為挑戰是什麼呢？我想韓國作家崔熙煙在《帶來幸福的女人》一書中，寫到關於挑戰的意義。我在一次偶然的機會，聽到了她的演講，她站在演講台上，對聽眾提出了問題：

「你們認為我今天的口紅顏色好看嗎？」

她的嘴唇沒有特別奇怪也不起眼，就好像是她原本的樣子。

「其實，我今天早上做了一個大挑戰。我擦了平時不曾使用過的大紅色口紅。做了平時不會做的行動，這就是我的挑戰。」

或許我們在日常生活中做的每一個決定的另一個名字就是挑戰。初創公司確實是一個挑戰，它創造出我過去人生中沒有過的價值。放棄安穩平坦的大道不走，選擇雜草叢生的小路，而且在這條沒人走過的路上還樂此不疲，我就是這樣的人。媽媽看著這樣的我，認為我現在處於「懸空的狀態」，但一定可以抵達目前還搆不著的「那個地方」。在現實生活中，如果需要腳踏實地的人，那麼為了那些有夢想的人們，應該也需要像我這種飄浮在半空中的人吧！

「正是那一絲絲瘋狂，讓我們看見新的色彩。誰知道它將帶我們前往何方。因此，世界才需要我們。敬那些做夢的傻瓜，哪怕他們顯得瘋狂，敬那些破碎的心。」（電影《樂來越愛你》）

真的很神奇。這段話彷彿就像是寫給我似的，我在獨立之後就有了這樣的機會。

幸運的是工作真的很有趣，且託認同我實力的同事們的福，我也找到我的內在動機。同事們讓原本職業是講師的我，擁有彈性的工作時間。因為我跟資金充足的他們不同，現在的我，是不馬上賺錢就必須喝西北風的情況，他們對我的狀況相當理解。但日子一天天過去，彼此共事的意識也漸漸產生之後，他們的照顧變成我內心的一根刺。所有人都要上班，只有我因為在外頭還有課程的關係，沒有去上班或是早早就下班，我獨自深感歉意。有一天，在喝酒的時候，我說出了心裡話。沒想到身為同事也是朋友的他們，居然逗趣的回答：

「妳過得好的話，我們也會更好。」

正因為有如此帥氣的友人，我們才能在現在和未來之間穿梭，賺錢的同時，還可以打造屬於我們的世界。當然超越時間和空間都不是普通的事情，我幾乎每天都有做不完的事。有時候光一天的時間，我就要在大田、首爾、光明、鎮川等地來回跑，看到這樣的我，他們異口同聲地說：「我們完全無法像是炫那樣。」

連續兩天滿檔行程跑完之後，平時不會做噩夢的我，居然累得晚上狂做噩夢。即使如此，如果你問我心情如何，我會回答：「真的太棒了！」雖然有時候會因為經濟上的困境，鬱悶得喘不過氣來，體力上也力不從心，但精神卻比任何時候還感到興奮和感恩。因為開車到處上課的關係，生活上的支出，油錢占了很大的部分。所以，我偶爾也會起個大早換搭長途客運。我原本預計自己會有一段時間找不到工作，但如今對於每天都有事做深懷感激。

原本就在做的講師工作也越來越熟悉了，於是我提高了演講費，這麼做讓我至少能賺到基本的生活費。後來，可能我參加的電視節目被市政府的工作人員看到，因此也被邀請擔任市府主辦的創業論壇的主持人。作為全職講師的身分，我的工作越來越多，明年好像會更加忙碌。因為書籍的出版，還舉辦了作家演講，而現在也持續地寫作，準備出版第二本書。過去因為太過不安，每天晚上都會到求職網上找工作，好像是幾天前的事情而已。當然，因為是自由工作者，所以工作量少工時也短，再加上自由講師的淡季是從十二月到明年二月，我也會害怕沒有工作。如果沒有工作邀約的話，該怎麼辦呢？到時候就在超市或餐廳打零工好了。初創公司開發的ＡＰＰ是預計在十二月上市，要等到那時候才知道事成與否。就等到那時吧！就讓那個時候的我再來解決吧！我決定不要對尚未到來的未來感到恐懼，只要先把今天過好就可以了。

# 有關孩子：我變得更謙遜

我常去光顧的「格蒂萊婭的森林」咖啡店的老闆，就像我的第二個母親一樣，聽到我說暫時只有週末才會見到兒子後，她很認真地跟我說：

「是炫，不管發生什麼事情，孩子一定要跟媽媽一起住。」

誰不知道呢？之前為了可以跟孩子一起生活，我甚至去打聽歸鄉[7]的方法。

7 歸農歸鄉：是韓國政府的政策。隨著經濟發展，農村人口越來越少，城鄉差距越來越大。為了解決這個問題，韓國政府推出了「歸農歸鄉」的政策。包含設立諮詢中心、教育等。「歸農」是指農村以外的人回到農村生活，當真正的農民。「歸鄉」是指農村以外的人口回到農村生活，但不從事農業活動。

因為若搬到鄉下住，即使跟孩子一起生活，也不需要花太多錢。在全國歸鄉地中，引起我興趣的是忠南洪城郡。跟其他農村相比，洪城郡的教育設施較完善，有全國知名的親環境幼稚園以及融入地區文化的小學，看起來對於小孩教育來說，是再好不過的了。我打電話到洪城郡歸農歸鄉支援中心詢問相關事宜，因緣際會下遇到一位十分熱心幫忙的總務，從他那裡獲得了許多資訊，其中有個叫「歸農人的家」的團體，據說可提供住所，月租金只要五六千元，就能在那裡至少住上一年，真的相當便宜。而且恰巧就在那個時候，當地社區大學也正在找三個月短期的契約員工。於是我想直接到當地去看看，也給總務打了電話，因而得到很重要的資訊，那就是當地的醫療院今天正好刊登徵人廣告。我想著可以趁今天順道去面試，因此立刻跟對方抄下聯絡方式。所有的事情好像都非常順遂，但是原本當月要空出房子的一位歸鄉人之家的入住者，延後了搬家日期，我想透過支援中心找尋其他住所，卻一無所獲。眼看著跟先生協議好的搬家日期越來越近，最後只好放棄了，因此後來才搬到大田。

我在做這些事情的那段期間，先生聽到我的歸鄉計畫後，叫我要理性思考。他有穩定的收入，父母也會搬過來一起住。先生再次提醒我，他比我更有條件養育孩子。也就是說，先生他要自己養小孩。不過，他也表示，我想見孩子的時候，隨時都可以過來。等我安頓好後，才可以帶兒子過去。當時，我們常常一開口就是討論監護權或撫養權這些法律上的用語，我對於先生會不會確實遵守自己的話，感到不安。雖然能去公證，但不管怎樣，媽媽是丟下小孩自己離開的，如果將來得走到離婚訴訟的話，那小孩在法律上判給自己的機率也變低了。就是這樣想，我才打算一開始就帶著孩子到鄉下住，可惜事與願違。

不過，當我們夫妻協議「為了讓關係變好而休婚」之後，兩人關係極速地變得穩定，也是從那個時候開始，我們約定不再說監護權或撫養權這些法律用語，這是對於過去彼此的信賴。

如今，我每週三晚上到週四早上，還有週五晚上到下週一早上都會跟孩子一起度過。週三是非固定的，但週五的時間得無條件遵守。當娘家媽媽聽到我們夫妻決定不離婚而休婚時，她這樣說：

「不論妳有多忙，也要遵守跟孩子約定的見面日期。」

我表面上說知道，但內心卻想著：「真的很忙的話，哪有辦法啊！」不過，當真的跟孩子分開後，就沒有所謂「沒辦法」的事。我週五到週日都不接受演講邀請，也不跟其他人有約。曾經有一位講師介紹週六的課程給我，我因為那天要跟孩子在一起，就拒絕了。也因此，其他講師曾對我說過：「我們都知道妳最重要的價值是什麼。」其實我並沒有什麼哲學理念或信念，只是當了媽媽，自然的就變成那樣而已。

原本我以為自己會因為思念孩子而睡不好或徹夜痛哭，但至今從未有過。我和孩子都接受了現在的情況，也適應得很好。當然我每天都會想孩子，但並沒有思念到心力交瘁，以至於無法工作或是對於現況哀傷不已。

我相信孩子和我各自過得很好，有只屬於我們的生活方式，我以為我們會這樣好好地過下去，但還是發生了一些事。某天，我正好在首爾辦公室工作，突然收到幼稚園老師的簡訊。

> 小花鹿本來在玩著圍巾，突然間就嚎啕大哭起來。
> 他邊哭邊喊著：「媽媽……」哭得非常傷心。
> 於是，我問他：「是不是想媽媽了？」他說：「是！」
> 實在哭得太慘了，我看得心好痛。
> 他好像是摸著軟軟的圍巾，就想起媽媽的擁抱了。
> 他想跟媽媽通電話。請問，您何時有時間呢？

收到這簡訊時，我的心臟都快要停止跳動了。幾乎失去理性的我馬上回覆：

「現在可以。現在馬上就可以。」但我實在無法等待老師再回電，於是打算直接打電話給老師。但拿起手機時，看到上頭的時間是中午十二點半，現在是孩子們睡午覺的時間。不能給別人添麻煩，老師看到我回傳的訊息，會看狀況回電話給我的。在等待的過程中，我的心臟感覺被緊緊勒住了。於是，我馬上打電話給先生。我跟他說我今天沒開車，問他可不可以送我們到車站。因為今天我一定要帶兒子回去住一晚。經過這件事情之後，我清楚的明白了，我跟孩子的約定，絕對是最重要的事。如果當天正巧在先生家附近有課程，我也會跟別人借住一晚，和孩子短暫地共度一夜。

最近，我深受相思病的折磨，對於兒子的思念越來越強烈。剛開始或許忙於適應新生活，我還沒有太大感受，等工作慢慢上手之後，孩子的表情、行動、笑容等全都湧上來。第六週，也就是上週更是特別漫長的一週。就跟平常一樣，把孩子送到幼稚園後，我搭上公車離開。才剛分開，我就開始思念他了。本以為已經到了星期四，一看日曆才發現不過是星期三而已。我好希望一週能有一半的時間可以跟兒子一起度過，但這僅僅是我的妄想而已。原本只是小事，一跟兒子分開之後，這些事情通通變成了大事。

這週我特別懷念兒子的擁抱，於是不停地摸摸他，抱抱他。兒子好像長大了似的，已經開始想要擺脫媽媽的擁抱。只有他需要的時候，才願意讓我抱。其他時候，他會拒絕我，我還因此有些受傷難過。白天在到處都是人的外頭，我不能抱他，得等到沒有人的晚上，他才願意讓我抱著。一下子靠在我的手臂上，一下子撫摸我的頭髮，也親了好幾次。睡醒的時候，我總是呆呆地看著兒子的臉。大事不妙了，或許再過不久，我真的會因為思念孩子而睡不好或徹夜以淚洗面。於是，我把居住地從大田搬到了忠北陰城。我想跟兒子再住得近一點，想跟兒子共度的時間再多幾個小時也好。錢的話，再賺就好了，但心痛是無法癒合的。

在父母教育課程中，我們曾經討論過「為了孩子忍耐活著 vs. 為了孩子分開」這個議題。即使為了孩子不分開而選擇繼續一起生活，孩子還是能感受到父母的關係。沒有了正向和親密感的家庭，只是空有家庭之名的虛殼，我們必須思考，什麼才是真正的家人。身為父母，同時也是他人兒女的幾位成員表示，他們希望自己的父母可以離婚。長達數十年看著父母吵吵鬧鬧，他們的內心充滿了疲憊感和不安全感。辯論的結果，後者獲得了壓倒性的勝利。我也是因為看到孩子習慣父母爭吵的樣子後，受到極大衝擊才決定分開。看起來我的選擇沒有錯，我對此感到安心。

不過，最近我又開始產生疑慮。當然對於我的選擇，我並沒有後悔。即使時間倒流，我還是會做出相同的選擇。雖然孩子可能是在假裝，但是感覺他好像更喜歡同時跟爸爸媽媽在一起。

先生上班的公司每年都會舉辦親子二人三腳比賽。今年我們也報名了，在休婚後的第五週，我們第一次三個人一起相處。孩子開心得不得了，看見孩子如此開心，我們夫妻之間尷尬的氣氛漸漸消失。無法準確地說那天是不是一個新的起點，但感覺那天之後，我們的關係更加接近「家人」一點。我們更常聯絡，更常一起笑，在一起的時候也不會那樣尷尬了。這部分是我們永遠的課題。孩子眼中父母相處的模樣，也是家庭的牽絆。或許世界上許多當「櫥窗父母[8]」的夫妻，並不是在演戲給別人看，而是為了兒女做出另一種努力，努力去維持彼此友好的關係。我們必須賦予「假裝」這個詞不同的意義。

8 櫥窗父母：從「櫥窗夫妻」演變而來。「櫥窗夫妻」是指在外人面前恩愛，其實感情並不和睦。而「櫥窗父母」是在外人面前假裝感情好的爸媽。

## 簡單整理：所謂的「結婚學期制」

我跟朋友們聊著有趣的話題：三十四歲的平凡男子K跟同齡的女性一樣正苦惱著婚姻。K跟前女友分手後，還處在痛苦的掙扎中，由於餘情未了，跟其他女生約會後，越是思念前女友。但此時有一個能力、外貌、家境都很不錯（但眼光很怪）的女生跟他求婚了。K陷入了奇妙的處境裡，他對這個女生坦白自己忘不了前女友，但即使知道K所有的事情，那位「求婚女」還是再次跟K求婚了。對於剛要開始創業的K來說，這真的是非常有魅力且「酷斃了」的求婚。

「我是個有能力的人，哥哥的事業也可能會失敗，為什麼不當成買保險呢？」

聽完這位「新女性」的求婚台詞後，我由衷佩服，說道：

「哇，跟我結婚吧！」

因為這句話，我們這群朋友就在一大清早，睡眼惺忪的狀態下，邊哈哈大笑邊沒正經地聊天。

K：「又要結婚？妳是結婚收集家嗎？」

我：「女生、男生都試試看呀！」

K：「妳很有抱負喔！」

S：「休婚第二季。」

K：「實行結婚學期制好了。是炫已經上完一年級了，休婚中，正在準備復學。S是入學考試準備了三十四年。K是苦惱是否要收下合格通知書。」

S：「我沒有要入學的想法。」

K：「S的爸媽說：『有沒有畢業證書差異是很大的。』」

S：「想戴學士帽的人應該是我爸媽。」

我：「要成為碩士的話，要怎樣做？」

S：「採取一妻多夫制？」

K：「想和大家族一起生活的話，得精通婆媳問題。還是晚年離婚之後，再來結婚？」

我：「什麼呀，那不就又回到結婚狀態。」

K：「如果說大學畢業是從婚姻生活畢業的話，那也要先進入婚姻才行。」

S：「不容易呀。我高中畢業就好。」

K：「S要放棄婚姻課程，直接進入老後準備課程。」

休學就是為了再次入學。如果說結婚是人生另一個學校的話，那休婚不就是為了再度復學。我在早晨這樣想著。

# 肆——分開了卻又在一起，就這樣持續休婚

# 格蒂萊婭的森林

過去我所居住的住宅區的小角落有一座小森林。這裡有讓鳥兒們短暫休息的樹木，它們會突然飛來也會很快地飛走，這裡是咖啡廳「格蒂萊婭的森林」。是我靈魂休息的場所，是我和書籍培養感情的空間，也是讓我發牢騷的第二個娘家。

我怎麼會坐在這個像房屋仲介公司般喧嘩的地方呢？

有些人天生就具備號召人群的能力。即使沒有華麗的台詞，也沒漂亮的臉蛋，不知道為什麼那個人的周圍自然聚集著人群。格蒂萊婭咖啡廳的老闆，便具有這種神奇的魔力。只要來過一次，就會變成常客。花農場的老闆、退休的教授、書法老師等所有人都會在這裡被串在一起。「兩位認識一下吧！請一起過來坐這裡。」對於咖啡廳老闆的建議，客人們會先尷尬地打聲招呼。但不管原本樂不樂意，最後還是會一起喝杯茶，有時候只有一兩位，也有時候會四五個人圍坐在一起。

在這裡進進出出的並非只有人類。流浪狗會來休息，流浪貓也會進來晃晃，各種緣分在這裡交織匯合。這裡是當地社區的會客廳，也會舉辦文學聚會。我第一次來到這裡的時候，跟咖啡廳老闆說，我希望能終身從事文字工作。老闆突然問我：「我的客人中也有幾位非常喜歡文學，妳想見見嗎？」本以為老闆只是隨口說說，沒想到就在隔週的星期二，她就安排了七位客人在這裡彼此交流。「聯結文學會」就這樣開始了，而咖啡廳也成了展覽場所。

我開始進出「森林」不久之後，春天就來了。這裡變成一間「春天咖啡廳」。因為天氣好的時候，咖啡廳裡繁花盛開，不知道的人還以為這裡是花店。聽說有位客人是花農，所以主動提供盆栽和鮮花給咖啡廳。不久之後，我碰巧遇見這位客人，他聽到我對鄉村共同體[9]感興趣時，非常開心。他說自己組織了好幾個合作

9 即在這裡生活的人，尊重個人的自由和權利，並在互相對等的關係下，共同決定和推動鄉村內的事物，達成居民自治的共同體。

團體，正在努力促進鄉村事業。從那天之後，咖啡廳又變成了郵局，他把鄉村共同體、協同合作團體等相關資料寄放在咖啡廳。我下次來的時候，就會把這些資料帶走。對於只是表示「關心」某個議題的人，就如此熱心，這件事讓我感到格外溫暖。我的心早就是春天了。

我第一次遇到「尼龍老爺爺」的那天，咖啡廳內所有的桌子都已坐滿了客人。身材高大的老爺爺開門進來的時候，正在喝茶的人們突然全都站了起來。他們熱情的拍拍老爺爺的手或肩膀。老爺爺長得很高，看起來差不多快要一百九十公分，但身體卻就像水分全失般極為乾瘦，臉上的肌膚就跟核桃殼那樣滿是皺紋，但同時也讓人莫名其妙地感到正因為這樣才顯得帥氣。老爺爺即使帶著助聽器，也聽不太清楚。是呀，身體已經不想工作了，即使使用現代技術來輔助，也是效果不佳。身體已經工作九十年，聽力「光榮退休」也是說得過去的。老爺爺對於第一次見面的我口齒不清的說：「聽力不好了，聽不清楚了……」老爺爺，沒關係的。在這個世界上有人即使聽得清楚也裝作聽不清。

咖啡廳老闆喊道：「校長，跟我們說說尼龍的故事吧！」

「尼龍？」老爺爺就像九歲小男孩那樣，露出了沒有門牙的笑容。

老爺爺說他十九歲的時候想考首爾大學的牙醫系，當時應考科目有英文、時事、常識。

「因為我把尼龍的英文發音念錯了，所以沒考上，最後只好去讀忠北大學。」

我和咖啡廳的客人們都聽得大笑起來。老爺爺又接著說：

「明明比那更難的單字，像是……煤炭，我都讀對了呢！呵呵……。」

對我來說，咖啡廳原本不過是工作的場所。一個人坐在最角落的地方，眉頭緊鎖地看著筆電，全身散發出不要打擾我的磁場。因此，我比較喜歡大間的咖啡廳，因為可以在各種臉孔中隱藏自己的存在。空間越大，我越是可以成為眾人之一，可以好好地隱藏自己。但在「格蒂萊婭的森林」小小的空間內，我的存在完全無法隱藏。我突然想到「愛上醜男卻說不出理由」這句話，我現在的情況跟這句話有點類似。只有三張桌子的小咖啡廳、用曬衣夾夾住白髮的咖啡廳老闆，實在無法相信，眼前這杯好喝的咖啡是她泡出來的，而且她還說自己正在開始學習品茶。不管怎樣這反差的魅力實在太大了，於是即使會讓我暴露在人群中，我也願意來到這裡。

我喜歡這個空間。原本打算「今天來讀本書」，於是選了角落的位置。但還是會不斷聽到「來這裡聊聊天吧」的招呼聲。來喝咖啡的客人帶了草莓，於是大家一起吃起了草莓，這裡充滿著奇怪卻又和諧的氣氛。剛認識的客人們沒什麼話可聊，但一點也不會不自在。因為來格蒂萊婭森林的客人們好像不是為了喝咖啡，而是為了見某人而來。今天我也是如此，是為了見到某個人而前往。

## WHO

休婚之後，這是我第一次再拜訪格蒂萊婭的森林。距離第一次到咖啡廳不到一年的時間，我就跟這位五十歲的老闆結下了深厚的友誼。我搬家前沒能提前告訴她，內心相當過意不去。我把車停在咖啡廳門口時，一位常客正好從咖啡廳內走出來。我跟他雖然不太熟，但曾經一起上過料理課，偶爾也會一起喝杯茶。他跟我說家裡有點事情要先回去，等等會再過來。我說好之後，就走進了咖啡廳。

我跟咖啡廳老闆聊了一個多小時，差不多要準備離開時，老闆說她今天想早點下班，於是也開始慢慢準備關店。就在這個時候，剛剛那位客人再次回來了，他拿了一個紙袋給我，我滿臉問號打開紙袋一看，一句話也說不出來。紙袋內裝了各式小菜：炒鳳尾魚、醃番茄小黃瓜、綠蔥泡菜、水餃。我新家的小冰箱內什麼也沒有，這些食物對於我來說，是最棒也是最適合的禮物了。這還不是全部，他還帶來了兒童用的鉛筆組、涼鞋，以及果凍，說是要給兒子的禮物。我非常感動，當場打開小菜品嚐了味道，還拍了照片，我再次向他表達謝意。當我把小菜等放到車上時，發現車內已經放了米和泡菜，原來是咖啡廳老闆剛剛幫我準備的。我在開車回去的路上，車子內飄散著泡菜的味道，而心是暖暖的，這些人對我真的太親切、太友善了。

休婚的過程對我來說，是無法忘懷的特別經驗。因為它也讓我發覺在我周圍的「WHO」。二〇〇九年美國最棒的獵頭公司的CEO鮑伯・博廷（Bob Beaudine）出版了《誰的力量》（*The Power of Who!：You Already Know Everyone You Need to Konw*）一書。在書中，作者指出當人們需要幫忙的時候，往往會跟完全意料不到的人提出請求。例如：當我們要找工作的時候，會上求職網站查詢，把履歷表寄給不認識的負責人後，開始等待。但我們都忘了自己身旁至少有著一百名的支援團隊，因為我們太過看輕友情了，其實可以幫助我們的人早已認識。

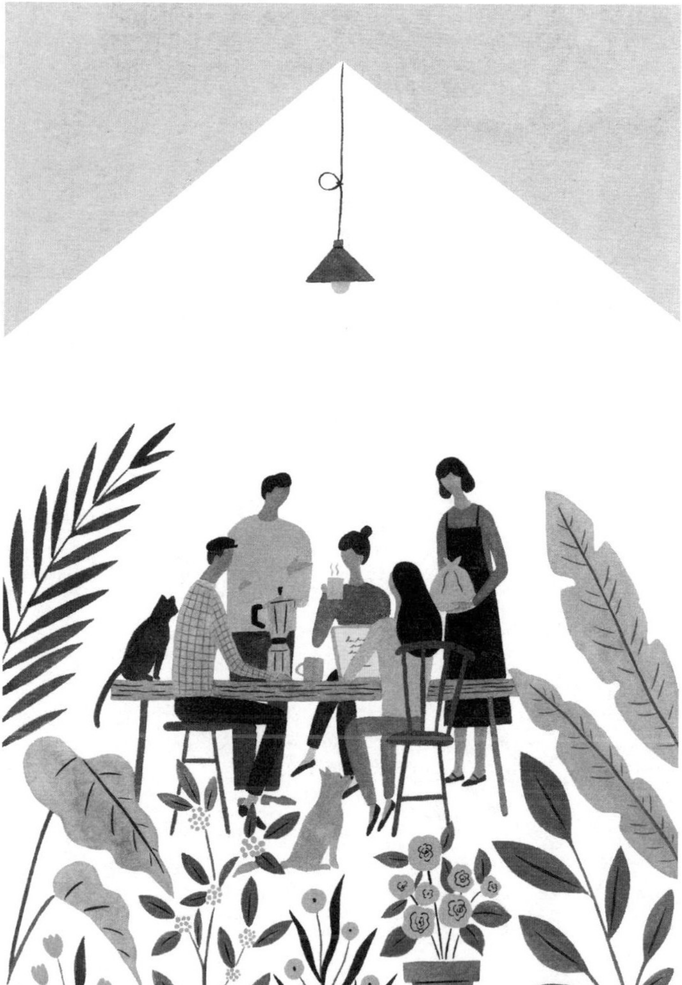

在我真正開始休婚前的一個多月，我沒有接受過「外人」的幫忙，幫助我的都是之前跟我結下緣分，也知道我的人，他們也都樂於幫助我。從小菜、房租到情緒安慰等，全都幫我處理得很周全。「WHO」並不是我完全不認識的人，而是我的朋友們。其實，我很少請朋友幫忙，我在證券公司上班，有需要達成的業績目標時，甚至還有次不小心被騙需要償還鉅額的情況下，我都沒有向朋友開口。因為我知道光是開口請他們幫忙，就會造成朋友的負擔和煩惱。我認為所謂的朋友應該是，不論何時都是分享愉快且正面能量的關係。我認為朋友在心理上可以相互支持，但在經濟上接受朋友援助的話，是讓朋友關係走向不健康的第一步。

我在三十四歲的時候，跟朋友借了大約三萬元。不，嚴格來說，並不是借，而是被要求借。朋友的小孩剛出生滿六十天，她可能是邊給小孩餵奶或哄小孩睡邊跟我通電話吧！她不只知道我休婚的事，也清楚在這之前我跟先生的矛盾。我們夫妻做了這個選擇後，朋友對於我的狀況知道得一清二楚。有一天，她對我說：「看情況，妳好像連找房子的錢都拿不到。如果需要錢的話，妳可以跟我說。」

等我真的遇到經濟上的難關時，朋友也沒有讓我開口借錢，而是在察覺之後，主動問我：「妳需要多少？」朋友說可以借給我繳交保證金的錢，還說慢慢還沒關係。但是借來的錢，終究是債務，總是得償還。我對朋友說，這麼做我會有負擔，但她仍執意要借錢給我。於是我只好說：「真的需要的時候，我會跟妳說，到時候再請幫助我吧！」於是，這事情就暫時擱置一旁。

Y曾對我說，過去她並沒有覺得存錢很重要，總是把賺來的錢通通花光。但這次的事讓她決定要好好儲蓄。因為當朋友需要錢的時候，才可以瀟灑地拿出來用。她感嘆現在的自己沒有借錢給朋友的餘力，這次是她重新思考金錢的契機。即使我叫她別這樣說，她依然沒聽到，再次下定決心「一定要賺很多錢」。她似乎忘了每次吃飯和喝茶都是她請客。Y某天邀請我一起做「國高中生前途發展企劃」。她接到這個企劃案後，因為行程太滿，而且繁瑣的工作又很多，於是非常猶豫是否要接下。知道這個情況的K打了電話給Y：

「我們一起做吧！因為我們可以幫助是炫老師的好像也就只有這個了。」

「沒錯，我們雖然在精神上給予她很多支持，但在實質的生活上也必須幫她才行。」

於是為了給我工作機會，我們開始盡可能接三個人可以共同負責的企劃案。她們也是WHO。

也有位WHO時常關心我搬家後一個人在做什麼，還說可以每個月贊助我五千塊房租，積極勸我搬去首爾。這位WHO旁邊的另一個朋友則說：「我可以贊助二千塊。」並不只是這些人而已，還有其他並沒有特別說什麼話，只是默默在旁邊照顧我的WHO。把海苔呀，火腿呀等食品一包包送到新家的WHO。叫我要看清現況，發現我一臉受傷樣後，故意用超嚴肅的語氣說：「可以原諒我嗎？」來逗我笑的WHO。跟我說：「是炫看起來閃閃發亮。」讓我可以重新振作起來的WHO。跟盲目找尋歸鄉的我僅有一面之交，卻從找空房到求職都細心幫忙的WHO。因有血緣關係，所以比任何人還敢對我直言相勸的WHO。在我決定休婚而在部落格亂寫一通的文章下面留言，表示支持的WHO。

有一天，有人跟我這樣說：「如果我也遇到跟是炫相同的情況，我會有幾個可以開口跟他們說『請幫我』的朋友呢？雖然會有人借錢給我，但會有那樣乾脆就借給我三萬的朋友嗎？我覺得我身旁沒有這樣的人。」休婚後，我發現自己擁有很棒的資產，就是我想起了一位又一位的WHO。我期盼有一天自己也會成為某個人的WHO。

對你來說，有「WHO」的存在。對於你的「WHO」來說，也有他們自己的「WHO」，他們的「WHO」又會有屬於他們的「WHO」。這樣一來，「WHO」便能源源不絕地擴展下去。（鮑伯・博廷《誰的力量》）

# 社會生活 vs. 家庭生活

「我要趕緊走了，再見！」

星期五的下午六點，我急急忙忙地走出辦公室，後面傳來朋友的聲音：「真的走得很急耶！」我邊哈哈大笑邊快步離開。但突然想起來有事情忘記做，一秒內又重新回到辦公室。我們每個星期都會排打掃的值日生，這個星期輪到我負責倒垃圾。我差點忘記要把已經整理好的垃圾拿去丟。公司的老么看到我回來，就說：「姐姐，那個我拿去丟就好了。」另一個同事聽到時喊：「哎呀，我來丟就好！」「咦，這個也一起拿去丟，真的太忙了！」同事接著講。

我和朋友們一起創辦公司已經過了兩個月又兩個星期了。雖然我們每個星期都要上滿五天班，但還沒收到半毛薪水。幸好在外頭兼課還有講師費，應該可以再支撐一陣子。原本預計十二月底上市的APP，因為開發者私人的因素被無限期延遲了。還有雇用員工也比想像的不容易，但即使是在這樣的情況下，願意無償加入的成員還是越來越多。例如：曾任職於不動產APP第一名公司的業務主管，原本只是禮貌上來打個招呼而已，沒想到就像被什麼迷惑了似地，說可以幫忙後，就開始來這裡上班。現在公司還沒辦法提供任何服務，不過已經被選為社會企業栽培的對象，陸續申請到各種政府資金補助，也得到了有名的投資公司的投資。同時也跟知名的初創公司的同輩人交流，學習未曾接觸過的領域是有幫助的。不管怎樣，這份工作相當有趣。最近跟朋友見面時，常常聽到他們說我看起來很好，氣色也很好。不是為了五斗米，而是做自己喜歡的事情，當然比想像的好很多。如果我被問「妳在那裡是做什麼工作？」我很難用一句來回答。我會跟不同人見面，跟他們做報告。也得製作文書、在臉書上傳公司訊息、面試業務人員、檢查APP測試結果並模擬分析後，回報給公司並開會。同時還要製作業務培訓課程、整理茶水間區域、給開發者打電話督促進度。現在不是「job」，而是「work」的時代。我還是會對自己的能力感到不安，但想到每個人都是獨特的角色後，肩膀也放鬆了。在社會生活上獲得的價值和成就確實跟在家庭中獲得的完全不同。在社會上，我身上沒有被貼上「妳應該如何」的標籤，我只是朴是炫而已。

當然，我在當媽媽和妻子的時候，也過得很有趣。星期一參加閱讀社團的活動，星期三跟同齡媽媽們一起上父母課程，偶爾還會去圖書館聽演講，或去格蒂萊婭的森林跟咖啡廳老闆一起喝杯茶。如果有聽到不錯的鄉下房子要賣，也會跟咖啡廳老闆一起去看房子。跟上父母課程的媽媽們一起辦喬遷宴，偶爾會聚在一起喝一杯。我還記得有一天，我送小孩去上學後，邊吃著奶油捲和咖啡邊望著窗外，突然有了個想法：「這就是退休後的老年生活吧？」在城市裡忙碌生活的人們在退休後，不都想去生活步調慢的鄉下，做些自己喜歡的事情，過著悠然自得的生活嗎？那就是我現在的生活！那些來自大都市的媽媽們，來到這個小城鎮時，總是哭訴著各種壓抑和鬱悶，但對我來說這樣的生活非常舒適。我的人生只要能夠閱讀和寫作就滿足了。慢慢地，我反而更想把自己隱藏在角落，於是常常去各個鄉村看空房子。簡單和單純的人生是生命給我的禮物。我也開始寫了一本又一本的書。我就讀國小時，寫下的願望是希望未來能成為作家。二十歲開始，每年年底的願望都是「明年我一定要出書」，但直到二十年後才美夢成真。同時，我身邊還有了先生和兒子。

我慢慢地成為作家、講師。我有了工作，能在沒有時間和空間的限制下工作。就這樣，我一個星期工作三天，作為自由工作者生活超過了五年。回頭想想，之前我到底如何度過上班族的生活？連我自己也覺得不可思議，但如今我居然要再次變成每天上下班的公司員工？不僅僅是我如此，創辦這間公司的K，之前是在公共電視臺工作。他離職的理由，就是希望可以自由運用時間，但是作為公司代表的K，現在三天兩頭跑政府機構、公共機關、投資公司，還要擠出時間做各種報告、企劃、整理文件……。作為業務加入這間公司的S，之前是大企業廣告代理商的企劃人員。他離職的理由是，太討厭晚上還得加班。但S因為設計美感極好，除了業務工作外，也就順便成為「非專業」的設計師。於是，S就像地縛靈那樣，每天坐在相同的位置上設計著APP、名片、傳單。當然他還要做報告用的PPT，加夜班變成了尋常事情。但是我們沒有人因此抱怨，因為這是非常有趣的工作。自發自覺地找到自己最擅長的工作來做，是我在結婚之前從沒體驗過工作樂趣。

我們曾參加某個公家機關所舉辦的新創公司招募展，最後只剩下八個團隊的時候。因為時間緊迫，我們每個人整整一週都加班到凌晨兩三點。企劃書、簡報、公司商品等一切都準備得很完美，最後只剩下我要上台發表的報告了。作為講師，我在課堂上可以想說什麼就說什麼，但這次為了某個目的，我必須說評審聽得懂的語言才行。上課和事業簡報完全不同，如果說上課是主場的話，那事業簡報就是競賽，而且還是要打倒競爭對手的聯賽。同事們日夜辛苦，最後的成敗在我身上。如今彷彿只有我一個人，站在廣闊的球門前面，如果我沒能擋下那一球的話，比賽就會輸掉，我的壓力日益沉重。後來，因為感覺負擔太大，在某次的聚餐上竟然哭了出來。我知道自己決不能給他人添麻煩，於是隔天開始，我練習了一遍又一遍，不管身邊有沒有人，我的嘴巴始終喃喃自語。終於到了比賽當天，早晨醒來時，我一點也不緊張、害怕，反而覺得很安心。朋友們問我心情如何時，我回答：「什麼想法也沒有。」在八個團隊中，我們排在第四順位，看著前面團隊的發表，我越來越鎮定了。終於輪到我上台了，十五分鐘的簡報和最讓我擔心的十五分鐘問答時間都順利地結束了。最終，我們得到了最優秀獎，就是第二名。

跟上課不同，這份工作給我帶來不一樣的喜悅、成就感，除了自我肯定，當然還有來自同事們的肯定。那天，我們喝得爛醉來慶祝勝利，也一起迎來了初雪。

平靜安逸的家庭生活，和緊張急促的社會生活，這兩者都是我的模樣。有人這樣問我：「在鄉下悶久了，來到大都市很開心吧？」其實對我來說，並沒有所謂的更好。因為這樣的生活也好，那樣的生活也不錯，我的靈魂這兩種生活都喜歡。只是有一點，那就是育兒這件事，總會打斷我的工作的節奏。不論是在寫教材，還是寫作，難免因為先生和小孩必須暫停下來。我自己的工作必須排在所有家事的後面，等我把小孩哄睡，家務都處理好後，已經是凌晨三四點了。要外出上課也得配合先生和小孩的時間，例如：先生無法接送小孩上下學，或是必須去出差，或課程的時間太長時，我就無法接下工作。因此，與其說是「工作」，感覺更像是去參加「活動」。但即使如此，我還是很喜歡。我認為對於已婚女性來說，這是最棒的工作，時間相對彈性，工時也不長，課程本身又很有趣。

但在休婚之後，我和先生還有小孩分開住，作為一個獨立個體開始工作後，發現這是完全不同的世界。沒有任何妨礙，不會有任何事情來打擾，可以安靜地集中精力工作，工作成果也相當棒。以前和先生、孩子同住時，需要花許多天才能完成的工作量，如今在一天之內就可以完成。晚上加夜班或是參加聚餐也非常自由。在未婚時，還感受不到什麼是工作環境就結婚了。在經歷了婚姻生活後，再次回到職場，才知道工作環境的重要。可以按照自己的意願自由安排時間是非常重要的事，但這個簡單的道理，未婚的女性是不可能知道的，應該只有已婚女性才能體會。

我曾在父母教育課程中，聽到一個故事。H曾在一個富有的社區開過連鎖麵包店。她張貼出徵求打工人員的廣告之後，有一位阿姨前來面試。後來H雇用了這位阿姨，但她發現阿姨竟然是開著賓士來打工的，另外還有一位打工人員擁有一艘快艇。這件事，讓她完全顛覆了對僱主和打工人員的固有形象，感觸極為強烈。阿姨還說因為「擔心被認出來」，所以無法在自己居住的社區打工。

曾經開過英文補習班，後來因為二寶出生而暫時休息的S說話了。她說：「但是如果我等二寶長大後，想要重新工作時，發現自己能夠工作的地方只有超市的話，應該會超級難過。」原本在旁邊沒說話，正在休育嬰假的國小老師E說：「H店裡的員工阿姨，正是擁有那樣的財力，才會這樣做的吧？不管是誰都看得出來對方不是為了賺錢而工作。」記者出身的Y也加入了話題，她提到了《八十二年生的金智英》這本書。Y說：「金智英看到冰淇淋店張貼的打工廣告後就走進去詢問。店內的打工人員告訴她工作內容並不困難，只要熟悉一下裝冰淇淋的技巧就好。金智英問是否有四大保險[10]，打工人員說沒有。金智英聽到後，失望地轉身離去。背

10 指國民年金、健康保險、僱用保險、工傷保險。

後傳來打工人員喊道：『喂，我也是大學畢業。』」聽到這段故事時，我不禁打了一個哆嗦。這是多麼殘酷的現實，那些在社區內打零工的阿姨們其實就是我們自己。光是坐在我面前的媽媽們就有畢業於名校音樂系、有老師、有曾出入總統府的記者。我可以再次全職工作，不是因為我的能力比她們強，而是因為我暫時從育兒這個任務中脫身了而已。

未婚的時候工作和當媽媽時的工作是完全不同的。現在我對於有一個可以每天上下班的地方，感到很感恩。十幾年來的職場和社會生活，在不知不覺間也讓我累積了些能力。對於這一點，我感到非常神奇。我原本以為自己依然停留在二十四歲剛進社會的狀態，但原來我通過證券公司、教育部門、業務、講師、作家、結婚、主婦、育兒……這些經歷也成長了。我領悟到，所有的一切都是經驗的累積，而且都是有益的。還有，為何先生工作即使再累，結束後還要每天喝酒。（越努力工作越想喝酒！）喝酒時明明已經吃過東西，為什麼回到家後還要吃飯？（因為喝酒了，所以胃更加空虛！）婚前規律地運動為什麼工作後都懶得動了。（不要說運動了，連洗澡也懶！）我也一點一點的體驗著不同感覺的家庭生活。

我以前就曾經好奇過，為什麼有「社會性動物」這個詞，卻沒有「家庭性動物」的說法。提出自己的想法並跟同事們熱烈討論後，經由合作完成成果的社會生活雖然相當累，但這樣的工作確實非常迷人。如果沒有經歷職場生活，就不會知道職場的辛苦；若沒有經歷主婦生活，永遠不知道工作的樂趣。在社會生活中感到疲累的人們希望在家庭中休息，而對於家庭生活感到厭倦的人們，懷念社會生活。不管怎樣，我們只有知道了黑暗，才懂得光明。還有，有些東西只有在黑暗中才看得到。正如白天和黑夜合在一起才是完整的一天，所有的經驗都要統合。

# 單親爸媽，單親家庭

我每隔五天就會見到孩子，每次見面都感到驚訝不已。除了孩子的口語表達越來越清楚之外，也對孩子學習詞彙的能力感到新奇。有時驚訝到我會不禁反問他：「你怎麼會連這個都知道？」過去孩子說的話，只有媽媽才聽得懂。我的孩子因為舌繫帶過短，已經不只一兩個阿姨、叔叔，因為聽不懂他說的話，使得孩子傷心大哭。「媽媽，我想吃餅。」聽到孩子這樣說後，我會回答：「嗯，你是不是想吃冰呢？」我和孩子默契十足，一下子就聽懂了。「這樣妳也可以聽得懂？」外人對於我對孩子話的理解能力感到不可思議。

即便是在有著血緣關係的娘家，也發生過類似的事情。孩子一直要求著某樣東西，但他們不管怎樣認真聽，還是聽不懂孩子在說什麼，於是娘家媽媽和外祖母就開始推測：「你想喝水梨果汁？」、「啊，是蘋果汁？」、「遊戲園？」但這些通通都不是孩子想要的。像這樣來回幾次後，最後孩子因為鬱悶而大哭了。完全不懂孩子要什麼的大人們，只好使用萬國共同語言：「啊，那個？是想要那個吧？」邊說邊打算就這樣結束跟孩子的對話，但這種作法只是讓孩子更傷心而已。「白毛……白毛什麼呢？」我根據孩子的行為，推理後瞬間得出一個答案，於是邊喊邊跑向孩子：

「小花鹿！白雪公主！你是說想看白雪公主嗎？」

娘家媽媽和外祖母對於我如何從「百毛共主」聯想到「白雪公主」，始終無法理解。

那是因為媽媽跟孩子之間累積了無數的語言和非語言的時間。「奶奶」這個詞，我的孩子會說「哪奈」，有些孩子會說「奶哪」，還有些孩子會叫成「奶吶」。孩子們用自己的語言說話，而可以快速聽懂孩子話的，就只有孩子的主要照顧者吧！因為不論是誰或物品，都有屬於我的孩子的語言（真的是「只有他自己懂的語言」）。換句話說，因為我跟孩子長時間相處的關係，我才能聽懂孩子的外星語。知道這點的先生偶爾會偷偷地跟我說：

「最近小花鹿喜歡『玩具總動員』。但他不說『玩具總動員』，而會說『大海的故事』。這個妳知道一下。」於是我也偷學了爸爸和孩子之間的語言。

我和孩子分開五天，在這五天內孩子的世界發生了多大的變化呢？上星期還在說「膩好」的孩子，這星期突然發音標準地說：「你好」，我像是發現不得了的事情似的抱著他、拍下影片、親他、大笑，然後叫他再多說幾次給聽我。孩子邊笑邊從口中說出的單詞是如此陌生、神奇、不可思議。這個星期的語詞「寒蒸幕」，特別讓我吃驚。

「汗蒸幕」是我很少會說的詞彙，不過才五歲的孩子居然會說：「我們一起去寒蒸幕吧！」（而且我居然馬上聽得懂），實在不尋常。我好像可以從孩子話中，看見我們分離時他的行蹤。因為我泡在熱水中時，會頭腦發昏眼前一片黑，所以不太喜歡去汗蒸幕。但那天直到睡覺前，孩子還是不停地問：「寒蒸幕呢？我們什麼時候去寒蒸幕？」於是，隔天早上我先準備了紫菜包飯給孩子當早餐，又做了油豆腐壽司便當，還準備沐浴用品，打聽好哪個汗蒸幕有兒童游泳區後，帶著孩子出發了！牽著興奮不已，嘰嘰喳喳說個不停的孩子的手，走進女湯入口的瞬間，心情突然變得怪怪的。

「看來可以一起走進澡堂的機會，就只剩今年了。」

這段時間孩子可能跟奶奶常常去汗蒸幕吧！他神氣地走進澡堂的樣子實在很搞笑。我想起來之前一起去大眾澡堂時，孩子因為討厭浴池中冒出的熱氣而哭的那天；看到某位阿姨背上全是拔罐痕跡，怕得跑來緊抱著我不放的那天；還有像隻小猴子似地，緊貼在我胸前才願意泡湯的那天；還有和我一起站在蓮蓬頭前，結果打在我背上噴出去的水，不停地落在他身上的那天。

我曾經聽過各種單親家庭的困境，特別是身為主要照顧者，父母與孩子的性別不同時，例如：獨自養育女兒的爸爸，或是獨自養育兒子的媽媽，爸爸無法幫讀幼稚園女兒綁好頭髮；媽媽無法陪兩個兒子盡情跑跳玩耍。這種日常生活的苦衷正因為太過尋常，一旦無法完成時就會變成大災難。還有當養育者跟孩子性別不同時，就很難帶孩子去游泳池或大眾澡堂。因為九歲以下的小孩需要成年人的幫忙，要小孩獨立做這些，除了孩子很難做到外，讓他們獨自處在那些環境裡，也太過危險。如果說因為性別的關係，而無法直接照顧小孩的話，我的心情會如何呢？不，不只是因為性別，就算還有其他特別情況，我至少能夠強忍哭泣吧！但如果只有我一個人獨自養育小孩的話，我還可以像現在這樣，心情輕鬆地欣賞孩子的所有行動和話語嗎？

去年九月正是楓葉最美的時期，我在慶州[11]正好有課程。因為各種不得已的原因，我只能帶著孩子一起去上課。幸好學校那邊表示理解，也請住在附近的親妹妹過來幫忙。因此，我才能順利地完成第一天晚上六點到九點的課程。學校也幫忙安排了住宿，或許是因為怕我帶孩子去會不好意思，不只處處關照我和孩子，還跟我說：「老師，這次課程的主題正巧是『女性如何兼顧工作和家庭』，您現在是最好的例子了。」不管怎樣，兩天一夜的行程快要結束的時候，我帶著孩子一起上課，而孩子安靜地坐在教室的後頭。教室裡突然出現孩子，學生們都相當疼愛，我真心感謝。可能孩子感覺到自己很受歡迎吧！擔任主持人的朋友Y正準備收尾時，孩子突然跑到教室前面，去牽平時很疼愛自己的「阿姨」Y的手。Y看起來有點驚慌失措，我快速地把孩子拉出去，瞬間我渾身發熱，滿臉通紅。我把孩子帶到外頭的休息室裡，並嚴厲斥責。孩子大哭起來，而我也氣得不得了。孩子哭了一陣子之後，邊哭邊睡著了。我把睡著的孩子留在休息室，自己再次回到教室。學生們問我孩子去哪裡了，我邊露出尷尬的笑容邊說：「在休息室睡著了。」當時我的心情很亂，自尊心也受損，天氣又很熱，心裡充滿了各種複雜的心情。這時候，身為主持

11 地名，位於慶尚北道。

人的Y突然提出了個猜謎遊戲。

「好，各位學員如果可以正確說出兩天一夜來上課老師們的名字，我會贈送小禮物喔！」

瞬間，我有點慌亂了。這次我負責上一堂「繩線藝術」的工藝課程。在一個小時的課程中，我必須同時教三個小組，時間極為緊湊。於是我沒有做自我介紹，只是專注且快速地完成課程。學生們不可能知道我的名字。於是，我馬上對主持人說明了這個情況：「因為我沒有自己介紹，所以學生們並不知道我的名字。」

Y聽到我的話後，拿起麥克風接著說：

「大家看到了吧！媽媽連要好好守護自己的名字都這樣難。大家結婚以後，即使生了小孩也請不要忘記自己的名字。」

瞬間，線，一下子斷裂了。原來如此，我知道自己剛才是怎麼樣的心情了。我想從事講師的工作，但又不得不把「媽媽」這個身分帶到工作場所，不得不讓大家看到我在小孩後面追逐的樣子。工作和家庭的共存是如此艱難，原本是來教育大家的「現代女性」，現在卻變成一個坐立難安，勞心勞力的「憔悴媽媽」。本不應該被責備的孩子，因為在「正式場合」讓媽媽丟臉，而被狠狠責罵，在外頭邊哭邊睡著了。別說是專業的講師了，我現在只是一個孤軍奮戰並被現場直播了的媽媽。我是一個比起其他事情，更想守護「自己名字」的女人，因此才選擇了「休婚」，今天也才會出現在這裡，但卻在這裡被公開說是「忘記自己名字的女人」。

「我現在到底在做什麼呢？」

Y並沒有做錯什麼，是我的心太過軟弱，才會因此而受傷。但我還是無法面對她，於是我沒有跟她打招呼，就直接帶著孩子離開了。在回程的車上，我哭了很久，哭得一塌糊塗，實在很不想就這樣直接回家，於是逃到了某位朋友家。在朋友家中，我又哭了好一陣子，和她一起喝的酒全都吐出來後，才昏昏沉沉睡著了。

而那天的感覺，想不到又在意料不到的地方又發生了一次。之前的事是我剛決定休婚後沒多久發生的，我可以理解自己為何會那樣，但沒想到，那個感覺不久前又再次出現。

那是一月的最後一個星期。為了迎接新年，朋友們辦了一個可帶家人出席的聚會，我帶著孩子一起出席。可能是休婚之後，第一次參與這麼多朋友的聚會，所以心裡相當期待。原本以為可以跟朋友們盡情聊天談笑，但是孩子可能因為來到陌生人的家，又看到新的玩具，不停地呼喊我。於是我得在孩子和朋友之間跑來跑去，完全無法和朋友盡情聊天。在這過程中，孩子為了想要再玩一次汽車遊戲，於是哭了起來。不知為何，我比平時只有兩個人的時候，更兇的教訓他。等孩子哭完，我再次回到朋友聊天的地方時，發現好像已經是解散的氣氛了。看電視的看電視，玩手機的玩手機，我想邊喝杯酒邊找人聊天，但客廳已經沒有位置了。於是，我只好在廚房的長椅上坐下來，實在沒辦法，只好開始滑手機。

「我到底在這裡做什麼？」

大約一個小時後，朋友們無心的一兩句話，讓我的心情變得很難受。跟我而來的孩子莫名其妙地變成了我的受氣包，我也因為孩子的妨礙，感到疲累和寂寞。跟那次課程的經驗一樣，好像有位不速之客把炸彈埋藏在我心裡，於是連朋友們關心的話語，也被我曲解。好像只要有人惹到我，我就會大哭出來似的。其實並沒有誰使什麼眼色，或是責備我，我只是獨自一人感到鬱悶。

隔天我在回家路上，比預期更早一天把孩子交給了先生，因為我想一個人靜靜。回到家後，我就直接沉睡了。等再次睜開眼睛，已經是半夜十二點了，手機上顯示某位朋友的兩通未接來電。那朋友在聚會時，就一直觀察著我，我看著手機未接來電的瞬間，又再次大哭起來。就這樣，我一個人邊哭邊過了一夜。那些每天獨自一人養育孩子的單親媽媽，又吞下多少眼淚呢？

沒有媽媽，或沒有爸爸的單親家庭中的爸媽，為什麼被叫做「單親爸媽」呢？我們對於他們的處境，不是只理解一半或是一點點，而是完全百分之百的不了解，是這個世界把他們變成了單親家庭。某次我聽了「女性友善環境企業」的課程後，那間公司的朋友開玩笑地跟我說：「你和孩子一起參加了研討會喔！」我重新檢視因為這句話笑不出來的自己。或許「單親爸媽」的苦衷，不是來自現實生活的情況，也不是社會的異樣的眼光，而是來自本身日漸脆弱的心。

# 開始新生活

在大田生活了兩個月之後，為了可以離孩子更近一點生活，我再次回到了忠北[12]。因為我是在合約到期前就搬家，所以屋主要求我要多付兩個月房租。為了可以省下這筆錢，我只好拚命去找可以入住這裡的人。來看房子的同齡男子，在我表示願意幫他出搬家費用之後，終於願意入住。

搬家當天是星期五，我正好有兩堂課，無法親自搬家。親切的搬家大哥告訴我不用擔心，他說搬家當天會請自己太太過來幫忙打包行李，兩個人很快就可以完成，叫我放心。就這樣，從沒見過面的搬家大哥幫我完成了搬家。那天我上完課，

---

12 原本作者與先生住在忠北鎮川，休婚後搬到大田，為了可以離孩子近一點生活，又搬回忠北陰城。

從先生家帶著兒子離開後，便急急忙忙地趕到新住所。一打開玄關，讓我滿意的家的模樣就這樣映入我的眼中。在昏暗中，可以看到紙箱靜靜擺放在正確的位置上。裝鞋子的箱子放在鞋架旁邊，裝廚房用具的箱子放在廚房角落，裝書籍的箱子則放在書架前面。對於如此細心整理的搬家夫妻打動了我，我傳了簡訊表示感謝。

新家離先生的家約十五分鐘的距離。我運氣很好找到有陽台且開闊的南向公寓，不過看房子的當下，我並沒有立刻簽約。因為這是一間公寓，跟之前住的套房不同，完全沒有傢俱是一個問題，保證金較高是另一個。沒想到屋主阿姨在談的過程中，主動降了保證金，還說：「我生活過得還不錯，之後妳有哪些地方需要花錢，就告訴我吧！」然後買了全新的洗衣機、冰箱和暖氣給我。就這樣我跟這房子結下了因緣，非常奇妙。

果然每個人都有適合自己生活的地方。當年離開大都市和先生一起住在這裡時，我就愛上這裡了。我甚至懷疑自己，為何可以在釜山和首爾生活了三十多年。

這裡沒有百貨公司、電影院、大型超市，小花鹿到四歲之前從沒搭過捷運，可能連捷運的存在都不知道吧！於是在他滿四歲的夏天，第一次搭捷運時，還哭哭啼啼地說很可怕。首爾的小孩連「TAYO 小巴士」都搭過了，可是小花鹿只看過開得慢吞吞的鄉村公車。

這裡沒有捷運站。雖然有公車，但路線也不多。因此如果要回娘家，是不可能搭大眾交通工具的，每次都要開三個半小時的車才能回去。如果想要吃我喜歡的「起家雞醬料炸雞」的話，也得開車去買。不管要做什麼，都需要開車，不論是圖書館、傳統市場、超市都是，就像是在美國生活一樣，住在這裡得要有車才行。先生偶爾會自豪的說：「公司的同事說我很像首爾人。」但這句話其實很好笑，因為他真的是首爾人。聽到地區醫院的護士說我「不像這裡的人」時，我都會嘿嘿笑。所謂「這裡的人」的意思雖然無法用言語表達，但還是有那樣的感覺。這地區沒有特別傑出、不有名，也不卓越。沒有首爾的巨大感，沒有釜山的華麗感，沒有江原道的山勢，也沒有全羅道的美食，這裡只是內陸最小面積的忠清道。忠清道什麼也

沒有，但也擁有很多。

週末，為了慶祝搬家我和孩子一起去吃炸醬麵。因為是間知名的中國餐廳，我們到的時候，店內已經滿是中國遊客了。我偷看到大多數客人都在吃有大塊肉的湯，便問店長：「那個是什麼？」店長邊露出微笑，邊用發音不準的外國腔跟我說：「你不敢吃的。」看來是不適合韓國人口味的食物。於是，我們照原計畫吃了炸醬麵後，一起去到附近逛逛。走在好像始終停留在一九八〇年代的巷弄裡，自己似乎變成了觀光客。眼前出現老舊的牆壁，屋頂上的瓦片搖搖欲墜。有三隻小貓咪正在屋頂跑，可能是聽到我們的動靜，馬上躲進瓦片內。小花鹿對著屋頂喊「喵喵……喵咪」，叫了好一陣子才願意離開。柿子樹光禿禿的枝頭上站著兩隻黑色的鳥，其中一隻好像站在枝頭上啄食。光禿禿的乾樹枝，在蔚藍的天空上展開，樹枝尾端還掛著兩個黃色柿子。因為美得像一幅畫，於是我拍了這張照片。接著，我也開始了新的生活。

# 星期五的背叛

週末突然無事可做。因為先生星期六要帶兒子去週末小旅行。用朋友的話來說，到星期天早上為止我都是「自由」的。一下子多出很多時間，我反而突然不知道要做什麼才好。就這樣，毫無想法地迎來了星期五。

如果是以往的星期五，在下午六七點左右，我就會離開辦公室去搭捷運。一小時之後到達東首爾客運站，再過一個小時到達忠北大所客運站，然後再開十五分鐘的車，就會到先生的家。通常在到達前的五分鐘，我會先打電話給先生，約過十分鐘後，我就可以張開雙手緊抱孩子了。跟先生寒暄幾句後，我便會開車載孩子離開。為了買週末要吃的食物，我和孩子會先去超市，買些小菜和零食後，才回家。回到家，先打開床上的電熱毯，讓孩子躺在被窩內，也會打開電暖爐。我和孩子都換上舒適的衣服，有時候會玩「牙醫遊戲」或「美容院遊戲」，我們各自做些自己的事情後，再一起刷牙，接著關大燈，開床頭燈。讓孩子選一本他要讀的書後，兩人緊靠在一起，讀書給孩子聽。當我讀《好想吃冰淇淋喔》冰淇淋工廠的廠長出場時，孩子就會指著書上的畫喊著：「哎呀，哎呀，快回家。」並唱起〈白雪公主〉的卡通插曲。聽了五六次之後，我也回應著說：「對呀，跟小矮人叔叔很像，對吧？」讀完書後，我把書放回書架，關掉床頭燈。孩子找到自己睡覺的位置躺了下來，嘀嘀咕咕說個不停的孩子，會慢慢的安靜下來，沒多久就能聽見孩子熟睡的聲音。就這樣，星期五的夜晚慢慢過去了。

就像寫好的劇本那樣，每個星期五都會出場的孩子，突然在這週不在了。剛開始，我覺得很空虛，原本計畫一個人回家看書。但一到星期五當天，我就改變計畫了，我慫恿一起工作的兩位朋友一起聚餐。公司的事情、工作的事情、人生的事情，聊個沒完，沒想到就這樣續了三攤。其中一位朋友已經喝到吐了，另外一位朋友暫時把狗狗放在朋友家，但不停地喊著：「我想見水餃（狗狗的名字）、我好想水餃。」不過才過了六個小時而已。我雖然也喝到吐了，但並沒有想孩子，我只是覺得現在這樣也不錯。

隔天醒來時，已經是下午一點了。因為睡得太久，頭很痛，即使回家也沒有什麼事情可做，於是我繼續賴在朋友的家裡。我沒有起床、沒有梳洗，也沒有吃東西，只是因為有了「什麼也不用做的權利」，所以就繼續躺著。轉眼間已經是下午六點了，原本心想「乾脆明天早上再回家好了」，但突然想起昨天在市場幫孩子買的睡衣，今天要趕快回家洗好，這樣明天孩子來的時候才可以穿。只要是軟軟的東西，孩子都非常喜歡，明天他看到新睡衣該有多開心呀！就因為這樣，躺了十六小時的我，總算願意起床了。

我下公車時，已經是晚上八點了。一下車，我馬上先去找餐廳。因為就在一個小時前，我差點要躺在擔架被送進醫院。一整天都沒有吃東西，為了趕公車，我在車站內的階梯上奔跑著，突然間，身體怪怪的，跟四年前我在上班途中昏倒在捷運內的感覺一樣。那天在捷運內，我呼吸突然不順，一股寒氣從頭頂散發到全身後，就這樣失去意識。那次的情況是因為血壓過低而昏迷。因此，平時我會盡量不讓呼吸變得急促，但此時我的心臟擅自亂跳，脖子好像被勒得緊緊的。我一直把毛衣的領子往下拉。每走一步，我都覺得意識越來越模糊，眼前的影像就像故障了的黑白電視的雜影。我看了一下手錶，還有三分鐘車就要開了。在快要失去意識的狀態下，我還是買了票並走向車站月台。就這樣昏倒應該更好吧？可是如果在這裡昏倒，誰會打一一九呢？有人會幫昏倒的我顧好包包和購物袋嗎？我突然好奇那些因為突然昏倒而被送上救護車的人們，他們的包包去了哪裡？

到達位於戶外的月台，我呼吸到冷空氣後，稍微好一點了，但身體也一下子癱軟下來。還有兩分鐘，車就要開了，但我現在連抬頭的力氣都沒有了。看了一下月台號碼，這裡是八號月台，我必須走到十九號月台搭車。不過是二十公尺的距離，此時卻覺得遙不可及。我沒有信心可以走到那裡。我好想喊：「誰可以扶我一下。」即使昏倒，我也想昏倒在車上。在頭昏腦脹之下，我咬緊牙關走到了十九號月台。一走到公車門前，我忍不住喊：「頭好痛。」我無法馬上走上公車，於是眼睛稍微閉一下之後，才走上了公車。我實在沒有力氣走到位於後排的我的位置，直接坐在最前面的椅子上。我用手緊壓著眉間，閉上眼睛，但依然感覺呼吸困難，不知道為什麼連口中也開始流血。四年前熟悉的冰冷感，彷彿還停留在手臂和手間。公車出發了，我突然開始害怕，車內空氣極悶，我好像要窒息了。我正猶豫著要不要請司機幫忙叫救護車，還是乾脆在這裡下車時，突然間想起來包包內有朋友之前給我的離子飲料。我胡亂在包包內開始翻找，打開瓶蓋，喝了一口，就像是喝到生命之水似的。但我依然感覺頭昏、視線模糊、全身發冷。身上的衣服讓我覺得很悶，就像瘦身衣把身體束得緊緊的一樣，我有一股衝動想把衣服全部脫掉。如果我在這裡失去意識，他們會跟誰聯絡呢？去旅行的先生會來嗎？還是平時就非常關照我的朋友會來呢？如果先生看到我躺在醫院，一定會說：「我不是說過要好好吃飯嗎？」朋友聽到我的消息，可能會因為太過善良而自責的說，我們是朋友，照顧好妳的三餐是我的責任之類的話。過了好一段時間，我一直閉著眼睛做深呼吸。

我再次睜開眼睛時，已經到站了。我好像睡著了，呼吸不順和頭昏的感覺消失，手上的冰冷感也沒有了。我走下車，但一邁出腳步，剛剛的症狀似乎又要回來了，只能慢慢地移動腳步，幸好沒事了。我坐在停在戶外停車上的車內開始找餐廳，本想去吃些進補的食物，但更想吃刀切麵。找到餐廳，吃完一碗海鮮刀切麵和一碗大麥飯後，突然又想吃麵包。「這個時候吃什麼麵包！」腦中突然浮現先生反對的聲音。我辯解地說：「身體想要吃的話，表示現在正需要那個東西。」我開車前往麵包店買了巧克力麵包和墨魚麵包，又在家門前的便利商店買了水和牛奶。走進五天沒人住的家裡，沒想到空氣比想像的溫暖，但地板還是很冰冷。我連忙打開電暖爐和床上的電熱毯，但沒打開電燈，只開了立燈，同時也打開了筆電。在洗衣機轉動的期間，我把曬乾的衣服摺好，換上舒適的衣服後，拿著麵包和牛奶坐在筆電前面。要寫我再次搬回忠北的事情呢？還是寫我如何分配時間呢？或是寫休婚中的結婚紀念日呢？我想了想之後，想寫什麼就寫吧！沒有孩子的星期五，我並沒有想像中的空虛。回到家後打開暖爐，打開立燈，打開筆電這一連串的動作，就像每週我從首爾回來那樣自然。我甚至開始懷疑之前的星期五是否真的存在過。關掉筆電，爬進溫暖的被窩，選了幾本不是孩子要讀的書，而是自己想看的書。「哇，好棒喔！」我不禁發出滿足的感嘆聲，好像兩個小時前渾身沒力，嚇得滿臉發白的恐懼感不曾發生過似的。陌生的星期五就像是背叛了過往熟悉的星期五。母性的背叛，健康的背叛，日常的背叛。

# 親愛的，你的開關還好嗎？

星期一的早上，就在我把孩子送去學校後回來的路上，手機響了，是先生打來的。我突然想起昨天晚上我們大吵的事。當時我對著手機大吼大叫，孩子在一旁哭個不停。即使後來掛斷電話，我的情緒依舊難以平復。昨天晚上，所有人都被眼淚淹沒了。

因為孩子跟爸爸去參加週末小旅行，所以直到星期天下午我才見到孩子。我和孩子的下午茶是炸醬麵和草莓，吃完後我們還一起玩蛇吞掉惡棍的遊戲。聽說這是最近深受小朋友喜愛的「熱門遊戲」。孩子把軟趴趴的假蛇丟出來，我盡情地演戲大喊道：「蛇呀！怎麼辦，媽媽，好害怕！」這時候，孩子假裝為了讓我安心，鬼鬼祟祟地靠近假蛇後，用腳亂踩一通。這樣來來回回幾次之後，蛇也就被擊退了。我因為昨天的低血壓，頭痛依舊，最後玩累了的我跟孩子說：「媽媽先去躺一會兒。」

我在睡夢中隱隱約約聽到遠方傳來說話聲，睜開了雙眼。還在半睡半醒的狀態中，我看到孩子正在跟爸爸視訊，應該是孩子接了先生打過來的電話。不知不覺屋內的陽光不見了，因為突然被吵醒，我的腦袋還沒清醒過來，感覺身體很沉重。

「媽媽在做什麼呢？」

我突然被先生點名，原本還有點懶散的身體一下子緊張起來。就好像正在發呆的下屬突然聽到主管的聲音時嚇了一跳，我的喉嚨好乾，聲音低沉的回答他：

「正躺著。」

「妳說在做什麼？」

「躺在床上。」

「吃飯了嗎？」

我看了一下時間，是晚上六點半。

「吃了炸醬麵和草莓。」

「炸醬麵？」

「對呀，孩子說想吃。」

短暫的沉默。

我好像知道了沉默的意義。因此，瞬間突然感到煩躁起來。

「那只是點心，現在這個時間應該吃飯。」先生省略了這句話。

我知道先生應該是生氣了，可是我也很惱火。這時候，先生立刻對孩子說：

「小花鹿，你不喜歡媽媽吧？也不喜歡媽媽家吧？要不要回爸爸家？」

先生莫名其妙的話，讓我混亂的腦袋一下子清醒過來，但讓我更無語的是孩子的回答：

「好。」

我還來不及反擊，就被臥底的槍射倒了，頓時背叛感湧上心頭。這對父子的對話依然沒有停止，他們繼續打擊我：

「對吧，媽媽很討厭吧？回來爸爸這邊吧？」

「嗯。」

「爸爸現在就過去帶你回來。」

「什麼過來帶？」我尖銳的喊叫聲漸漸切開了沉重的黑暗。「為什麼只有你做的才是對的，我做的難道每次都是錯的嗎？」我突然想起三天前的事情，瞬間火冒三丈。

三天前是星期四。因為先生要帶孩子去週末旅行，回來的時候是星期日，先生叫我星期日再過去帶孩子。反正你們星期六才出發，我星期五還是可以去帶小孩，等星期六早上再把孩子送回去就好。聽到我這樣說，先生回答：「週末去妳那邊再回來的話，孩子會很累。孩子的精神也是需要被照顧的，所以就待在我這裡吧！」

這又是什麼離譜的話？

「你是說我沒把孩子照顧好嗎？」

「我不是那個意思，只是客觀上來說，孩子看起來經常都有黑眼圈……。」

啊？「黑眼圈應該是因為跟你長得像才會那樣吧！我看你小時候的照片不也常常有黑眼圈，難道這是婆婆的錯嗎？」慢慢地，我們的對話變得幼稚。不論什麼時候，先生都覺得自己很完美，而我則迷迷糊糊的，很容易落入他的圈套。

「平日都是你在帶孩子，我也有很多話想說，你知道嗎？如果我也跟你這樣不經過思考就亂說，你會開心嗎？」為什麼我們總在相似的問題中繞圈圈。先生太清楚我的「開關」了。先生氣呼呼地回應：「我怎樣了？我對孩子來說是不受歡迎的人嗎？」

每個人都有一個開關，只要一碰觸到，就會讓對方勃然大怒。這個開關跟管理情感的腦袋相連接，一被打開，理性的大腦就會馬上麻痺。刺激這個開關的話，它馬上就會有所反應。有時候我們會故意去按下對方的開關，有時候是無意的，但是卻沒有取消的按鈕。按下的瞬間，開關被打開後，對方就會爆怒。大致上的機制是「受傷—防備—攻擊」。

一個月前的某個星期五，湊巧在休婚期間碰到了結婚紀念日。「要不要一起吃個飯？」這句話我猶豫了好幾次，不知道該不該說。而那天先生直到我車子離開為止，都一直站在原地，我想說的話也沒有說出口。在冰冷的路燈下，先生的身影就像一幅畫。那天晚上，我跟先生視訊時說：「今天，是我們結婚紀念日吧？我原本想買智慧型手錶給你，但實在太貴了。」先生聽到，「呵」的笑了一聲。聽起來像是無奈嘆息的笑聲中混合著哭聲，不知道為什麼我流下了眼淚。於是，我們很快就結束了通話，結婚紀念日也就這樣過去了。之前有聖誕節、跨年，接著還有新年。明明有好幾次可以約吃飯的理由，但我們最終都沒有那樣做。朋友說至少像今天這種日子應該一起吃個飯吧！為什麼沒有約先生一起吃飯呢？我回想結婚紀念日那天的情形，一起吃個飯這句話在舌尖打轉後，最終吞了下去的原因是，在我搭上車之前，先生吐出這句話：「明天要一起去吃壽司嗎？」但到了「明天」，我們也沒有再約，原因應該是害怕被按下開關，或是害怕按下對方的開關吧！

但是昨天晚上還是被按下了開關。

如同狂風把門縫沒有封起的木門，吹得吱吱嘎嘎作響那樣，我們用言語刮起了寒風。就在我們雙方用惡言中傷彼此時，先生突然掛斷了電話。我即使感到滿心氣憤和羞愧，也無法跟孩子說出心中的委屈。我看著邊擦著眼淚鼻水邊哭泣的孩子，自己也邊擦眼淚鼻水邊哭著問他：「你真的討厭媽媽？真的想去爸爸那裡嗎？」孩子喘了口氣，僅僅回答：「嗯。」

我立刻從床上爬起來，走進了廚房。我假裝沒有看到正在哭泣的兒子，把原本沒關的門關上了。到底是為什麼呢？我對於自己，一個三十四歲的大人，被四歲兒子背叛的模樣感到混亂，不知道這是不是身為媽媽應該有的情緒。現在我的行為、孩子的回答，都讓我感到混亂。我平靜的日常生活就在三十分鐘前被先生打亂了，內心湧上各種不好的想法，只想乾脆離婚算了。我們決定休婚前，在關係最糟可能離婚時，有人這樣跟我說：「不要擔心。現在的離婚率是百分之五十，也就是說之後小花鹿的班上，有一半的同學爸媽是離婚的，這並不是什麼特別的事情。」我當時回他：「不管離婚率是多少，我們對於孩子來說是百分百的。」

門的另一側正在哭泣的孩子，哭聲突然不見了。我打開門一看，孩子已經趴在地板上睡著了。真是個傻孩子，只要打開門走出來不就好了嗎？我把孩子抱到床上的時候，孩子突然醒了，我們兩人靜靜地在床上躺了一會兒後，我問孩子：

「你真的討厭媽媽嗎？」

「不，我喜歡媽媽。」

「那你剛剛為什麼那樣說？」

「我不喜歡生氣的媽媽。」

我本想繼續追問，剛剛我還沒發脾氣之前，你就先說討厭我了，後來還是算了。討厭媽媽或是喜歡媽媽，這些話有什麼重要呢？這樣想之後，我就放下了心結。不管孩子對我的感情如何，身為媽媽都是無條件付出，是愛和犧牲的角色，不是嗎？只不過我現在不是母愛本來的樣子，而是受傷了的母愛。我跟孩子說一起外出吹吹風吧！便準備外出。坐在副駕的孩子突然問我：

「媽媽，爸爸為什麼那樣？為什麼呢？」

我忍不住看了孩子一眼，孩子一臉稚氣。我曾在育兒書中看過這樣一句話：「不論是什麼情況，都不要說爸爸的壞話。」雖然不太明白這句話的用意，但這時候我違背了這個原則。

「是呀，爸爸為什麼那樣呢，很怪吧？」說完之後，我的怒氣消失了。

經歷了昨天的事情之後，看著手機上顯示先生的來電時，我猶豫了許久，要接嗎，還是不接？是不是又要吵架了？我先做了一個深呼吸，決定不管先生說什麼，我都要盡可能保持鎮定。

「……哦。」

「嗯……小花鹿去幼稚園了嗎？」

「嗯，去了……。」

「……昨天小花鹿哭很久嗎？」

「……當然哭很久……我也一直在哭……。」

「啊……對不起，真的對不起！我知道我不應該那樣說……。」

昨天晚上，我想像了各種情境和對話，原本想跟先生再大吵一架的，最後我決定通通都放下。

「週末的話，就把孩子放心交給我吧！再怎麼說，我也是孩子的媽媽。」

「知道了，真的很抱歉……。」

我的開關開始一閃一閃。

「我週末不是帶小花鹿跟朋友一起去旅行嗎？其他孩子都有媽媽在旁邊照顧，只有小花鹿沒有，我感到很痛心……所以把這些煩躁情緒發洩在妳身上了……。」

一閃一閃的開關燈熄滅了。OFF。

每個人身上都有一個開關。某些話或行為碰觸到這個開關時，就會使一個人勃然大怒。因為這個開關跟管理情感的腦袋相連接，一旦碰觸就會使理性的腦麻痹。有時候是像我先生那樣故意去按下那個開關，有時候是像我孩子那樣無意中按下，而且還沒有取消的功能。被按下的瞬間，情緒的蓋子被掀開後，就會馬上爆發。這個順序大致上是「受傷—防備—攻擊」，這也是無法控制的。可悲的是最知道這個開關的人，正是自己最親近的人。

# 夫妻之夜

天氣越來越冷，冷得無法再跟孩子外出遊玩了。在沒有玩具和電視的家裡，孩子看起來很無聊，所以連續兩週我都帶孩子去親子餐廳。但在親子餐廳時，我一刻都不能清閒，為了安全，不得不一直跟在四歲孩子的後頭。更可怕的是，孩子無時無刻都希望你跟他玩。平日連續五天行軍般的生活結束後，週末並不是休息而是育兒。本想把手機丟給孩子玩，自己稍微睡一下。但孩子一副渴望外出的模樣，最終讓我不得不改變心意，這是與休婚前完全不同的生活型態。

休婚前，我們常常去參加類似露營的活動。沒有外出的日子，就在家看綜藝節目或紀錄片，一整天，我和先生就躺在床上看著螢幕，因為我們認為需要好好補償自己在過去五天的辛勞。我終於從接孩子上下學到哄孩子睡的勞動中解放了，先生則因為上下班的疲勞而需要好好充電。休息的過程中，則不時滑手機來填補無所事事的時間。等接近傍晚時，我們才邊說：「我們一整天都待在家裡耶！」邊懶洋洋地起床，然後慢慢晃到超市。我今天實在太累了，所以極度渴望之前那種什麼也不做的休息方式。我躺在熱呼呼的地板上，享受著冬天的陽光。但就在我快要入睡時，孩子總會過來吵醒我：「媽媽，妳睡著了？」、「給我手機，好嗎？」

結果我不得不甩開可怕的疲累感起床，先去沖了個熱水澡消除疲勞。

「我們出門吧！」因為擔心自己又會想要躺下來，快速整理好孩子的東西後，和孩子一起出門了。

星期日的親子餐廳真的很受歡迎。媽媽或爸爸帶來的小孩們擠滿了小小空間，看到某個爸爸跟孩子玩沙子遊戲的瞬間，我想到了先前發生的事。還住在一起時的某個週末，我把孩子交給先生，一個人去辦事情。不久之後，我收到先生傳來的簡訊，是孩子正玩著陌生玩具的照片。原來還未滿週歲的孩子和先生兩人去了親子餐廳，看到他們兩個人一臉尷尬的樣子，我忍不住偷笑了。那天晚上回到家之後，先生故意帶著哭腔，跟我說了白天的事情。

「在一群媽媽中，只有我一個爸爸，只有我跟孩子兩個人的時候，真的很灰心。孩子的衣服也不知道為什麼皺巴巴的，看起來好像是沒有媽媽的孩子。」

我又想起了之前經過十天冷戰，我們和好後，外出露營的事。我們坐在碼頭上，望著夜晚海面上忽隱忽現的漁船，一杯接一杯地喝著酒。過去十天，我帶著孩子回娘家，就像是離家出走一般。我們把這段時間彼此的內心話說了出來，先生幫我倒了酒之後，我跟他說：

「沒有你的話，不管做什麼都沒有意義。」

先生也開口說話了：

「我也什麼都不想做。真的……已經沒有熱情了。」

先生看著我，繼續說：

「即使天天都吵架也好，我們不要分開。」

先生還沒把話說完，就哭起來了，我也哭了。然而，不久之後，我們就決定休婚了。

「媽媽……媽媽……」

孩子的叫喊聲把我拉回了現實，我跟孩子玩了廚房遊戲。接著，我們玩了溜滑梯，又跑進球場玩籃球。最後，我們走進了扁柏木群，長寬各一公里的地方種滿了小扁柏木。我們正打算走進去的時候，已經先在那裡玩的一家人轉頭看著我們。那是有媽媽、爸爸，還有兩個小孩的家庭。我和兒子待在角落用小鐵鍬挖著泥土，但我的眼睛一直忍不住去看身旁的那一家人。在他們的眼中，我們是什麼樣子呢？我們是從什麼時候變成這樣？是從什麼時候開始做錯的呢？

孩子滿週歲之前，都是一個人睡，我們夫妻則睡在主臥房，夫妻必須睡在同一張床是我信念。我把孩子哄睡之後，墊起腳悄悄地走回臥房，打開房門時，正躺在床上看電視的先生招手示意我快點過去。我爬上床，把先生的手臂當成靠枕一起看電視。但孩子慢慢長大之後，越來越不想跟我們分開睡。三個人一起睡在大床時，也相當有趣，因為孩子的加入，我有好幾次差點從床上摔下來。我叫他們好好看看，我的位置變得非常小，三個人嘻笑成一團。後來，孩子擁有了汽車造形的床之後，又開始獨自睡覺了。不過，有些事情開始變得跟之前不太一樣。之前哄孩子睡的時候，我即使跟著睡著，再次醒來之後，我也一定會回到主臥房。但現在即使我在孩子房間沒有睡著，也懶得再回到主臥房。一方面是因為懶得走回去，一方面是覺得電視聲音太吵。那個時候，我就一個人在黑暗中用手機看漫畫，或是隨意瀏覽網路。我喜歡這種只屬於自己的時間。就這樣自然地、慢慢地，先生一個人在主臥房睡，我則和孩子一起在小孩房間睡。這個小小的改變或許就是改變我意識型態的契機。某一天，我跟先生在說話時，無意識中說到：「不是在你的房間嗎？」先生瞬間有點慌張地反問我：「你的房間？」那一剎那，我才發覺自己說錯話，趕緊邊笑邊糾正地說：「不，是我們的房間啦！」

不久之前，我在網路看到一篇文章，標題是「現在年輕的夫妻喜歡分房睡」的新聞。內容是重視獨立生活的年輕夫妻，只有客廳和廚房是共用空間，睡覺則在各自房間睡。有人表示分開睡，睡眠品質更好，也有人留言這樣會讓夫妻的親密感越來越少。我看到這篇新聞時，想到的是：「什麼啊，不只是分房，還有像我這種分開住的呢！不知道有多舒適。」但是在親子餐廳遇到那四人家庭後，我突然感覺「歌頌分房睡」對於夫妻來說或許是危機。順著這個點繼續探討，就會出現「一起睡在同個房間」、「蓋同一條被子睡」這件事情，到底有什麼意義呢？半夜睡醒先生幫我重新蓋好被子的夜晚；喝醉酒後才回家的先生，撫摸著正在裝睡的我的頭髮的夜晚；在昏暗中看著先生熟睡的臉孔的夜晚；夫妻吵架後，一起睡覺時還擔心先生會著涼，把被子多分給先生的夜晚……。我們曾經有過無數個夜晚，白天無法釋懷的情緒，在夜晚全部都放下且和解了。原來是這樣，我們不再共同過夜，我們的關係或許就是從那個時候開始改變的。

# 身旁的位置

我有一位朋友雖然沒有非常親近，但是是會分享彼此近況的關係。我第一次遇到她就是格蒂萊婭的森林。當她用興奮的聲音給我打電話時，通常只有兩個情況：

「是炫，我找到了真的很好喝的茶，妳要來格蒂萊婭的森林嗎？」

「是炫，今天格蒂萊婭的森林老闆泡的咖啡好喝得不得了，妳現在哪裡？」

她喜歡茶和美術，也開了間英文補習班，兩位兒子的年齡差很大。我常常想她真的是很獨特的人，也是擁有自由靈魂的人，就像西藏清爽的天空下飛揚著的繽紛彩旗。

某一天，我邊喝茶邊聽到一個驚人的消息，她要帶著老大去巴黎進行兩週的畫畫旅行。我覺得這個決定很符合她的行事風格，雖然有點不該問，但還是反射性地感到困惑：

「老二呢？」

「請姨媽幫忙帶。」

「你老公有說什麼嗎？」

「他說好好玩，要先說什麼嗎？」

對於她的旅行，我不是先問：「要去哪些地方？」、「有什麼計劃？」我討厭這樣的自己。我喃喃自語地說：「你的老公真好。」這樣說反而證明自己生活在父權家庭。

結婚之後，很難一個人去旅行，但即使如此，還是看過先生的朋友在婚後自己去旅行的例子。每當這個時候，先生就會笑著跟朋友說：「你還真是男人中的男人啊！」意思是說，結婚後竟然還能一個人出去旅行。我並不認為這麼做有什麼問題，但也只是在內心想想而已。他又不是離家出走，只是旅行而已。

我對腦科學非常感興趣，在網路上發現某位博士的專業部落格後，因為問了他許多問題，也就變成了好朋友。我在休婚前，也就是今年年初時的某一天，跟這位博士見面了，他說自己在九月時要跟朋友一起去西班牙走朝聖之路。博士問我：「要一起去嗎？」那時候我的回答是：「我要先問一下我先生。」博士跟我說，最好現在就決定，這麼一來才能買到便宜的機票。聽到他說「分開旅行」[13] 這個旅行概念時，我的心怦怦直跳，我真的好想去，我想走在那條路上，想去拍照。我裝作若無其事地跟先生提起這事情。「就這樣她們兩個女生決定要去西班牙走朝聖之路耶！真的很酷吧？」我想試探一下先生的意思。沒想到，先生連看都沒看我一眼，只說：「不要說那些不像話的事。」

其實我不喜歡一個人旅行。我認為好吃的食物和美景，要有一起感受的同伴才有意義。先生在婚前，為了享受一個人釣魚的時光，預約了七晚民宿，最後才過了三天就提前回來了。但我在婚後，有時會突然想要一個人出去旅行，但別說兩天一夜了，即使是一日遊我也很難跟先生開口，因為心裡會產生，把照顧孩子的工作全交給別人的罪惡感，只有自己一個人在外享受悠閒的愧疚感，當然還有不用問也知道，先生絕對不同意。性格細膩又敏感的先生，如果知道我想一個人出去旅行的話，一定會想：「最近妳有什麼苦惱嗎？心情很複雜嗎？是因為我的關係嗎？」

休婚後的秋天，因為出差的關係，我和同事在濟州島度過了三天兩夜。如果是休婚前的話，這種出差連想也不用想。我坐在有名的豬排店內，通過窗戶看到翠綠色的大海，突然想起先生。先生也是非常喜歡大自然和美食的人。在沒有先生和小孩的陪伴下，我一個人來到這座島嶼。比起休息、靈感、自由，我心裡感受到更多的是思念、回憶還有空虛。那天晚上，我傳了封簡訊給先生：

「我來濟州島之後，更想你了，下次一起來吧！」

這是沒有約定的邀請。

結婚前理所當然可以做的事，在婚後就會完全變了。這些變化從人類最基本的

13 一起出發去某個國家旅行，但到了當地是各自分開旅行。

衣食住行開始，想吃的時候不能吃，想睡的時候不能睡，想玩的時候不能玩，想工作的時候不能工作。原本兩人是因為在一起的時候感覺很幸福才結婚，如今在一起的時候反而變成另外一種工作的心情。週末的時候，「午餐要吃什麼？」、「晚餐要吃什麼？」遭受吃飯的暴力攻擊之後，到了星期日晚上，又有其他的事要規畫。要看還沒看完的書，也想寫作。同時還要忍受先生不在家的空虛感，偶爾先生上班遲到或是請年假在家休息時，我就會抱著他的手臂說：「啊，親愛的，你如果沒上班該有多好。」

我不只一次勸先生搬到鄉下住。我們可以耕種一小塊田地，午餐一起喝杯米酒，晚餐的話，可以在鍋蓋上烤肉吃。孩子可以在有點駝背的爸媽身邊玩耍，或是在我們身邊幫忙做事情。孩子可能會覺得無聊，一定要養一隻小白狗。先生是喜歡修理機器的怪才發明家，可以把二手卡車改裝成露營車。要到處收集二手的東西，看來還需要一個大倉庫。先生一定會每天晚上拉著我的手跑到倉庫前，跟我炫耀自己一整天的成果。我會咯咯笑著說：「哇，這到底是怎樣做到？」我們一直認為等二〇二〇年還清負債後，我們就會那樣生活。休婚前，我以要帶著孩子去鄉下住的前提，到鄉下實地考察了。回來之後，我跟先生提了這件事，可能這段時間先生對於夫妻間的爭執也累了。他聽到後覺得有趣，想想那樣的生活也不錯。「我們乾脆去鄉下生活吧？」先生在後來某次喝酒的時候這樣跟我說，「一年或是兩年後，等我們把現在的情況都整理好之後，就去鄉下住吧！」這是我第一次聽到先生比較正面的回答。從現實面來看，我約他一起來濟州島的話，看起來就像褪色了的約定吧！

如今即使沒有先生的同意，我也可以去旅行了；沒有先生的同意，也可以跟朋友們喝酒到半夜；沒有先生的同意，我可以選擇自己想要做的任何事情。如果有人問：「如果是為了這樣的生活，為什麼結婚呢？」其實不需要認真回答：「就是呀，如果是要這種生活，為什麼要結婚呢？」我想回到結婚前的生活。那時候的生活很平和、自由，也很寧靜。正是因為體驗過婚姻生活，我才知道在婚姻生活中那些無數不能做的事情有多珍貴，其中最重要的就是時間。在婚姻生活中，我擁有的

時間是有限的，一天二十四小時中我自己的時間只有六個小時。看似充分又不太夠用。婚後一起生活時，我的樂趣是「獨自喝酒」。一個人邊看綜藝節目邊喝酒是一種樂趣。但在休婚後，我一次也沒有一個人喝過酒。即使過了兩個月，冰箱內的啤酒依然沒有動過。在婚姻生活中，因為知道自己無法掌控時間，所以才會亂用時間吧！只要一有自己的時間，就想著無論如何都要好好把握，所以馬上用在享樂上，想一個人去旅行也是相同心態，因為不能去才更想去。

走進婚姻這個奇怪的世界後，我慢慢走偏了。不管我再怎樣努力想走正，這個世界的軸心已經完全傾斜了。就像從鏡子中看到路都是傾斜的，我像兩腳長度不一的人那樣，走得一瘸一拐的。彷彿只有從那個世界走出來，才能走得端正。但聽到一起看過的漫畫拍成電影時，創業點子競賽中獲得最佳獎時，經過婚後很少去的吃到飽餐廳時，去買了很好吃的豬頸肉時……偶爾還是想繼續走在那條傾斜的路上。我想假裝不知道走在鏡子內的那條路上，想閉上眼睛跟你喝一杯，想就這樣假裝離家出門去旅行。

# 綠色的蘋果

平日裡因為回家後沒有「家人」，我會跟一起工作的同事們在下班後喝一杯，而且都是固定的幾個人，如果拍下照片排在一起來看的話，會發現人都一樣，只是背景不同而已。在那個場合，我偶爾會假裝自己是社會人士，在尾牙餐會時輪流問大家：「今年大家各自發生了什麼大事？」接著又叫大家說出新年願望。為了讓願望可以成真，還建議朋友們要閉上眼睛，在心中想像夢想成真的畫面。於是，在餐廳裡我們五六個人真的就閉上眼睛開始祈禱。這些人怎麼就這麼聽我「非專業的指導」呢？真的太可愛了！對身邊的人進行採訪是非常有趣，也很令人驚訝的事。人是怎麼產生某種觀念的呢？我以為自己對某人非常瞭解，其實那個理解是非常薄弱的，我只是根據那個人說過的話、做過的事等進行推測，然後構成我自己認為的形象而已。也就是說，我不過是根據自己所看到的事物，對某人進行分析和評價，便誤以為自己很瞭解對方。電視劇中常出現的台詞不就證明了這一點。

「你知道我什麼了？」或是「像我這樣到底是怎樣呢？」（而且這句台詞還必須邊哭邊說。）

不管怎樣，我們都變了。畢竟經歷了十年的歲月，變得不只是景物而已。在三十五歲時，採訪二十歲結交的朋友為什麼那樣有趣的原因也在於此。特別是問對方：「至今還深藏在心中的夢想是什麼？」時，讓我留下深刻印象（果然是認真面對人生的理性友人）。一起創業的業務說自己的夢想是：「成為設計師。」正在廣告公司當協理的另外一位朋友說：「我的夢想是成為作曲家。」十五年之後，再次聽到大學同學的夢想，為什麼會這樣激動呢？可能我們偶爾疏忽了，對方其實一開始就被你無意識地定位了。父母或許也是容易被誤會的對象吧！「我的媽媽」原本就是那樣活過來，之後也會那樣過下去。沒有什麼夢想，也沒有不滿，她就像是為了在那個位置，成為那個角色才出生那樣。關於「我的爸爸」，我的觀念也是如此，從來都沒有質疑過。

那天喝酒的時候，有人問：「大家的初戀是誰？」想不到，在大家還沒回答前，就先開始爭論起「初戀」的定義：初戀是指第一次喜歡的人？最愛的人？還是無法忘記的人？每個人照順序打開心裡的抽屜。有位朋友好像被初戀的記憶侵蝕了，竟然連三天前的失戀都想不起來。輪到我回答的時候，我說：「我……我老公好像就是我的初戀，他一直都在我心中。不管我們的關係好或不好，假使我的生命來到最後一刻，我也一定會先打電話給他。」餐廳灰暗的照明，一九九〇年的流行歌曲，堆積的酒瓶，在說說笑笑間，我突然有點想哭。「現在就打電話給他吧！」朋友這樣建議我。我回答：「不行，這樣會破壞現在的情緒。」大家反問我為什麼呢？或許恨離愛最近。太過傷心的愛情並非真愛，好像有首歌是這樣唱的。

二〇一三年六月的夏天，某一天下著傾盆大雨。晚上八點，在地下一樓的昏暗居酒屋中，女生對第一次見面的男生問：「你的夢想是什麼？」男生有點不知所措，過了一會兒才平靜地回答：

「現在我做的事情就是最棒的事。」

女生原本認為所謂的「夢想」可能會是年薪百萬，或是想要自己創業等浮誇的說詞，相對的這位「樸實」的男生夢想顯得有點乏味。女生不知道該怎樣回答，只好說：「原來如此，好帥氣喔！」三天後，男生推薦女生看《壁花男孩》（*The Perks Of Being A Wallflower*）女生趕緊找來看，看完後雖然沒有特別感動，但她興奮地跟男生說自己很喜歡這部電影，對隧道內的情節印象深刻。兩人第二次見面的時候，男生主動牽了女生的手。兩人呼吸著夏日夜晚的空氣，坐在河堤旁的階梯上，女生望著流動的溪水，對男生說：

「我們，一直一直在一起，不要背叛對方。」

被自己欠缺但對方卻擁有的部分吸引了的話，就是愛情嗎？「活在當下」的男生和「這個那個都想做」的女生快速地陷入愛河。於是，在那年的冬天他們結婚了。

兩人非常契合。他們知道吃路邊攤的浪漫，看《愛你、戀你、想你》（*Love Affair*）時也會一起流淚，都喜歡金光石的歌。從室內裝潢、時尚、口味、興趣、感性、幽默等不論何時都一樣，女生認為這男孩是「跟自己頻率完全一致的人」。但一致的頻率在成為平行線的過程，就像巨大的電池浸泡在水中不動聲色。男生對「這個那個都想做」的女生強調「活在當下」。於是，他們在這裡開始慢慢做可以做的事情。學習、閱讀、寫作，還有社區團體。

四年的時間過去了，更多的時間不是活在夢想，而是活在現實中。男生表示全力支持女生想做的事情，但是女生還是很空虛。女生嚮往擁有成就感，她想要「這個也做，那個也想做」。想述說「未來」，但是沒有可以說的地方。女生覺得她想看彩虹，但男生好像一直叫她看地面。比起夢想這個話題，男生更希望談家人，談穩定的生活。女生快樂人生的原動力越來越少，當她想說新的挑戰、新的人、新的未來時，男生臉色就會不對勁。偶而因為這個問題產生爭執時，男生就會大喊：

「妳的未來還有家人嗎？」

女生再也不想跟男生談了。跟男生喝酒時，原本有說有笑的女生逐漸變成了聽眾，為了避開老是跟男生吵架的話題，慢慢地沒有了聲音。對於原本讓她感到健康、有魅力，帶來靈感的男生，開始冠上「老人」或其他負面的觀點。到後來，女生一個人的時候反而覺得更舒適。寫寫文字、看漫畫，或是毫無想法地邊看綜藝節目邊一個人喝酒。

幾天前，我跟朋友在某家豬腳店聚餐。

「結婚不就是那樣。不是跟最愛的人結婚，而是跟要結婚時正好遇到的人結婚。」我邊吃豬腳，邊跟剛結束兩年戀愛的J這樣說。

J反問我：

「那，結過婚的妳現在是怎麼想？」

那時候，K很親切地幫忙修正了那句話：

「什麼結過婚？現在還是婚姻狀態中。」

提出問題的J露出恍然大悟的表情，用手假裝打了一下自己的臉頰。我哈哈笑著，把這個問題的答覆推給了N。「啊，你不也是嗎？因為到了得結婚的年紀，才跟現在的女朋友求婚的吧？」無辜接到球的N睜大眼睛回答：

「不是喔！我們是因為愛。」

朋友們都覺得這個答案沒有意義，通通舉起酒杯。

「他現在才求婚一個月啦！」

我是因為愛才結婚的。但如果你問我那份愛去哪裡了，可能要說很久。六個朋友中只有我一個人已婚，其他人都未婚。我不想因為自己不嚴謹的結婚和愛的觀念來浪費他們的時間。結婚之後，那個人的優點就變成了缺點。因為我說「不要背叛我」而愛上我的男生，居然對我提出訴訟。還有明明愛著對方，卻不想一起住這種奇怪的現況，我又要如何說得清楚。我真的不知道了，愛是什麼？婚姻又是什麼？

休婚前的某個夏天，伯父曾對我這樣說過：

「我跟妳伯母一起生活了四十五年。去年，有段時間兩人都過得很痛苦，還差點要離婚。但回頭想想，生活就是如此吧！一起生活了四十五年，愛的種子已經萌芽了，但在第四十四年時無法忍耐就分手的話，就無法知道會結出什麼果實。原本以為綠色蘋果是真的蘋果才吃下去的，但吃了之後卻要丟掉。但蘋果除了綠色蘋果以外，還有很多顏色。關於蘋果是什麼，科學家、哲學家、文學家、藝術家可以用一本書的份量來說明，但還是比不上無知的人直接品嘗。只有真正吃過蘋果的人才有辦法說。即使說不清楚，至少知道什麼是蘋果。領悟也是如此，不管他人說了多好的話，領悟這件事情，只能自己親身經歷才能得到。」

對於現在的我來說，結婚和先生就是綠色蘋果。原來以為這顆蘋果的味道就是這樣，差點要丟掉，但後來放在倉庫四年，如果將來偷偷地再次把那顆蘋果從倉庫拿出來，蘋果必須再次被照顧的時候來臨的話，那時候我還可以忍耐嗎？蘋果也可以是紅色的，生命是流動的。

今天，我對於結婚有了新的感言：

「不是跟最愛的人結婚，而是跟可以愛得最久的人結婚。」

# 二〇一七年九月二日　休婚前二十五天，『那天』

「親愛的，這個星期日我要出差。」先生這樣對我說。

我看了一下月曆，出差的前一天，也就是星期六，那天正好是市民演講比賽總決賽的日子。我之前受K主播的拜託，接下演說指導的課程。那天可以說是學生們展現過去磨練成果的日子。於是，我說：「星期六是演講的總決賽，我一定要參加。」先生說：「再怎麼說，出差前一晚的晚餐總是要做吧！」我原本想回他，可是我的行程在更早之前就已經安排好了，最後還是忍了下來。

「好吧！那我晚上之前就會回家。」於是，我們就這樣達成了協議。

星期六，我搭上市區公車前往比賽會場。我在公車上給進入總決賽的十名選手寫了感謝卡。公寓管理辦公處的處長、韓服設計師、太太正生病著的老先生、剛成為微笑講師的中年人、已經退休了的全職教授老爺爺……跟他們相處的短暫時光在腦內中一一閃過。某天，我接到了K主播的電話，問我是否可以跟學生們示範一下十五分鐘的演講。於是，我們就這樣相遇了。當天培訓完之後，在回家的路上我傳了簡訊給先生：「看來我是沒希望賺錢了，今天一毛錢也沒賺到，但是好有趣喔！」年齡比我大很多的人生前輩，把年齡跟自己女兒差不多的我的話，一字不漏地記在筆記本上，也提出了許多問題。在他們面前，我感覺受到了尊重，雖然不知道是什麼，但是我感到自己是有價值的。有些教育課程的時間不長，但卻讓我非常滿意。這次也是如此，我想對每一位學生傳遞我的熱情支持和感謝。

舉辦活動的視聽媒體中心，除了這個演講大賽，還有許多不同的活動，正沸沸騰騰地舉辦著。我穿越人群，走進大講堂後，看到我的位置在最前頭。每位選手輪流上台演講，站在舞台上，被聚光燈照明時，他們就是一個人的演員。我有點失去了分寸，居然比參賽者的家人們哭得還慘。等所有獎項都頒完之後，就是慶祝宴會的時間了。「我老公明天要出差，我得先離開。」但我的話才剛說完，每個人都拉著我不讓我回去。大家對我說都已經遠道而來了，至少吃了晚餐再走。又說出差是先生要去，又不是老師要去。我猶豫了許久之後，打電話給先生說明了情況，先生居然說我想留下的話，就可以留下。我摸不著先生真正的意思，還反覆問了幾次，是不是真的可以。得到先生肯定的回答後，我跟大家大喊：「我老公叫我好好玩！」現場所有人開心得直拍手。

約兩個小時之後，也就是晚上九點的時候，先生打了電話給我。

「喂？」

「妳真的很厲害耶！」

先生有點口齒不清了。先生原本說要跟公婆一起吃烤肉，但卻不停傳孩子的照片給我，看來是醉了。先生的聲音從手機傳出來的瞬間，所有人安靜下來。我連忙把手機音量調低，裝作不知情地說：「嗯，是呀，謝謝你也這麼想。」我原本打算講完後就快速關掉手機，卻失敗了。先生拐彎抹角的發言，一字不差地現場直播了。整個過程，我忍耐著驚慌、憤怒、羞辱、荒唐，打算等先生說完就掛掉電話。沒想到先生最後說：「妳就離開這個家，一個人隨心所欲地生活呀！」結果，因為這句話，我再也忍不住大吼：「如果你不想我留下來，一開始明說就好了。為什麼每次都說沒關係，事後又這樣！」於是，那天我放任自己喝到凌晨十二點才離開。K主播給了我計程車費，在回家的一個小時車程內，我產生了無數個想法。「不要再說了，我旁邊有人。」即使我這樣說了，先生還是無視我的話，持續發著不是酒瘋的酒瘋。那時候我好像在他人面前被剝得精光，非常驚慌。如果相同情況，但男女立場對調的話，還有可能發生這些事情嗎？那天，家裡的電子鎖就被換了密碼。隔天，先生雙眼通紅，控制不住脾氣對我大喊：

「老公要去出差，太太竟然還去喝酒？」

和先生決定休婚後，過了許久我才去了大伯家。上次去過一次之後，經歷了蟬聲綿綿的夏季和下雪的冬季，已經又過了一年半了。大伯夫婦小心翼翼地詢問我跟先生現在的關係，於是我就把六個月前的「出差事件」說給他們聽。大伯母感到惋惜地說：「那天妳早點回家就好了。」

結婚五年來，第一次有這種聚餐機會，甚至得到先生的「許可」。我雖然想辯解，但知道辯解也沒有用，因為這是男人可以這樣做，女人卻不能那樣做的固有觀念。接著，大伯母繼續說：「如果你堂哥將來的太太，明明賺不了多少錢，卻常常在外面跑，我也一定會叫她好好在家顧家就好。」

之前曾經發生過這麼一件事情。我接到了一個綜合頻道電視台的錄影。偏偏就在錄影前一天，我們夫妻大吵了一架。錄影當天，準備上班的先生拿著車鑰匙正要出門時，我追了過去：「今天我要錄影，我需要用車。」先生面對電梯門站著等電梯。因為我有點心急，於是又再次強調了一次：「我今天可以去工作嗎？」先生只轉過頭，問了我一句：

「那也是工作？」

在日常生活中，先生的事都比我的事情重要，這次的事件也是如此。我的事情早在好幾週前就確定了，而先生的出差不過是六天前才決定的事。如果我這次的事是私人的活動，或許先生的出差應該排在優先順位，但嚴格上來說這也是工作。如果要問聚會是不是工作的話，那使用男人的語言來說，聚會是社會生活的延續。我的工作跟男人的工作相比，被視為根本沒什麼的根據到底是什麼。即使不討論「工作」真正的意思，我還是無法認同大伯母和先生的話。如果那個證據是收入的話，也是說無數位一家之主的生存價值，就不得不承認是金錢了。一家之主的權威用賺錢這個行為來制定的話，那退休後不就淪為無法賺錢的故障機器，為什麼大家就不會這樣想呢？

一九八二年出生的先生和一九四八年出生的大伯母，使用的語言竟然如此類似，而我又無法擺脫這些話。「妳不討厭妳老公吧？」、「妳老公很不錯吧？」這些話不知道有多常被濫用。父權主義文化如影子般深深地影響了兩個世代的人。這些語言把我們養大，如果對此感到奇怪，就會被說「女人竟敢這樣子」，相同時代的其他女人也會嘲笑女權主義者。女權主義者就是氣勢強的女人、與眾不同的女人或其他名稱。我並不太懂女權主義，但有一點非常確定。「竟敢」挑戰先生的權威、不尊重先生的出差、把自己的事情放在優先順位，就是因為這些理由，我們才吵得不可開交，因為這樣才把我從原本的家庭抽離了。如果我對於這些微妙的男女差別待遇沒有任何反應，全都接受的話，那在「好媽媽」下面長大的兒子，就會學會對他人差別待遇，而在「好媽媽」下面長大的女兒，就會受到相同的差別待遇，假裝不知道這些隱形的暴力。

或許有些人對於出差事件會感到十分驚訝，還會說妳就忍耐一下、讓他一下這類的話。即使如此，對於我的休婚，我還是感到慶幸的。至少對我和兒子來說如此，之後我也會跟孩子說明爸媽分開住的理由。我會跟他說媽媽很後悔，沒有把早就計畫好的行程大大方方地說出來，又含含糊糊地想要配合爸爸的行程。媽媽非常確定，即使沒有出差事件，之後也一定會發生類似的事，而我跟爸爸也一定會做出相同的選擇。

「我朋友的妻子就不會那樣做。」對於你爸爸的話，媽媽不論何時都持著反對的意見。

# 後記

每次心靈需要慰藉的時候，我就會寫作。那些原本需要被掃除的殘渣，被文字掩埋起來，而沉重且低沉的字也就越來越多。如果沒有文字，我又該如何克服這些偶爾突襲的空虛感呢？但比起有寫作的日子，我沒有寫作的日子好像更多，我真的活得很失敗。

基本上，我們會把離婚稱為結婚的失敗。但是，離婚只是化解姻緣的方法而已。休婚也是如此，我在前言內這樣寫了：「這本書並非鼓勵休婚。」但休婚八個月之後，我想收回那句話。我推薦休婚。

為什麼我之前會認為離開先生的庇護後，就會墜入深淵呢？在結婚之前，我明明毫無畏懼地生活著，為何在經歷婚姻之後，反而變成膽小鬼呢？我在不知不覺中，把自己從人生的主角變成配角，感覺自己的存在和能力變得微弱了。這裡說的能力並不是指學歷、外貌、經歷、已婚等社會標準，而是指人類能夠活下去與生俱來的生存能力。女性會越來越低估自己，反而把丈夫當成自己的保護者。這不是錯誤的事情，女性在養育兒女的同時，又要出去工作真的不是容易的事。於是，夫妻中往往都是女性轉回照顧家庭。剛開始，或許崇高的母性會覺得這樣做很有價值。但日子久了，就會發現家務勞動被視為廉價的付出。如果做家事的人是男性的話，我們會怎樣想呢？大家一定認為妻子更有能力吧！我們無意識地認為賺錢的那一方是有能力的人，相對的「沒有能力」的人就是待在家裡。大部分待在家裡的人是女性，於是我們在人生中，還有家庭中也就變成了配角。

我並不是在貶低男性的辛苦。我一個人生活的時候，也只是還過得去而已，婚後男性則要負擔起兩個人的人生，他們不戰鬥不行。看看我就知道了，如果沒有公婆和先生的照顧，我的人生會非常辛苦。一個人的生存必須仰賴另一個人的辛勞付出，是多麼讓人傷心的事情，我會提出休婚也跟這個有關。當發現不再需要照顧兒女的時候，夫妻就會有意識地通過休婚來負責各自的人生。我相信讓婚姻有個休假時間，不論是新婚、中年、初老，或是有危機的夫妻來說，都是需要且有益。分開之後，作為一個人獨立生活，即使會很辛苦，我還是建議作為一個工作者活著。休婚讓人思考和理解衝突。對方原本做的事情，我們可能認為跟自己無關，通過休婚可以產生不同的見解，對我來說，最具代表的就是一家之主以及單親爸媽的感受。

雖然有點不好意思，在結婚前我從沒有準時繳過水電費。不知道為什麼對於這方面沒有概念，總是累積了很久之後，才一次繳清。一個人賺錢一個人生活時，這些都不會成為問題。結婚後，先生總是準時繳納水電費，我也理所當然把這些事情交給他。如今，我不得不像先生那樣準時繳月租、管理費等。因為我總算知道，如果這個月拖延了，可能會影響到下個月的生活開銷。結婚後，兒子出生時，先生正好三十二歲。比現在的我還小的一家之主，為了維持生計不得不拚命工作。先生拿到薪水的當天，就全部作為支出分配了。三分之二的薪水一下子就沒有了，雖然感覺很空虛，也很無奈，但這些不得不繳的錢是絕對不能拖延的。現在也成為一家之主的我，好像到現在才能真正體會到先生的心情。先生應該是為了不讓自己對戶頭內的錢產生留戀，才那樣快速地把錢支付出去吧！家庭的錢並非自己的錢，真是令人感傷。

即使如此，我還是小心翼翼地認為出去工作比在家照顧小孩好。我覺得自己很幸運，工作和育兒的分界線是平日和週末，所以還能兼顧。不是有句話這樣說嗎？「男人在家下班，女生在家上班。」姑且不論是否有母愛，下班之後還要育兒真的相當辛苦。每當這個時候，我就會想起先生下班後陪兒子玩耍，週末的時候從打掃到做飯都會主動做。不過這些只是先生在數十，數百個面貌中的一面而已。用文字表達出來的那一面，總是會讓人誤會那是那人的全部面貌。

幾天前，我看了日本電影《明天，我要跟昨天的妳約會》的時候，一直想到先生。先生只是追求平凡的幸福而已，但因為我越走越遠了，我忍不住淚流滿面。和朋友們的年末聚會時的寂寞感，還有先生按下我的「開關」的那天，我突然全部理解了。他一定也在朋友們中和我有相同感覺，我開始慢慢理解他了。

每個週末，我就成為又當爸又當媽的單親家庭的一家之主。如果有同學會等各種聚會時，便不得不帶著兒子出席，這並不是簡單的事情。雖說硬要參加聚會也是我自找的苦，但總不能讓我完全只照顧孩子吧！居然推薦休婚？獨立生活之後，耳邊好像不時傳來「體驗吧！這就是人生的現實！」雖然只是猜想，但我可能已經淪落到貧困層了，因為我正在充分體驗，這個做不好，那個也做不好的窘境。或許不久的未來，童謠也會有不一樣的唱法。想想唱「爸爸熊，媽媽熊，孩子熊」的時候，孩子問：「媽媽，我們家沒有爸爸熊，對吧？」那會多傷心、多慌張、多抱歉呢？「爸爸參觀課」、「媽媽參觀課」也會消失，應該會出現「監護人參觀課」等更適合的詞彙吧！我慢慢看到休婚前不曾想過的正常生活以外的世界。

我二次搬家後，不再對孩子說這是「媽媽的辦公室」，而是告訴他這是「媽媽的家」。先生看到我新搬入的公寓之後，說：「太像家了……」表達了奇怪的擔心。不再說「這是媽媽的辦公室」是因為我覺得先生「不想讓孩子意識到爸爸媽媽是分開居住」的想法反而對孩子更危險。媽媽、爸爸分開住這事情「被隱藏起來」，是擔心孩子無法接受。但我們夫妻倆這麼做，並不是錯誤的事情，也不應該是被隱藏起來的事情。是很自然發生，是本來就可能發生的事情，所以我想很自然地告訴孩子。而且在這段時間，孩子好像也成長了很多。每次他都是很開心地過來，很開心地離開。只是我就算在週末時常聽到孩子說喜歡我或親親我，但還是感覺不夠。

有一次，我在玄關發現一隻小蜘蛛，瞬間雞皮疙瘩起來，大叫了一聲。聽到媽媽的喊叫聲，孩子快速地從房內跑了出來。我壓抑著緊張不已的心情，拿面紙給孩子。「小花鹿，你快點抓住它。抓得住嗎？」孩子拿著面紙呆呆望著我。這時候，我突然好想念先生。雖然全身都起了雞皮疙瘩，但還是不得不親手抓住蜘蛛，丟進馬桶沖水後，身體依然直發抖。以前垃圾分類是先生負責的，如今我也開始要自己處理。每次都是先生清潔吸塵器的過濾器，如今我也學著清洗。看來我太晚學習生活了。

Y去歐洲旅行兩週了。Y在二十幾歲的時候，曾在某家大公司的土耳其分公司工作過，常常聽她說懷念當年土耳其的風景。於是這回的旅行，她特意先經過土耳其，再去西班牙。我們交代朋友要代替我們好好享受二十幾歲的土耳其、年輕的土耳其、記憶中的土耳其後，才送她出國。兩週後，我們在仁川機場問回國的Y旅行的感想。

「其實……實際到了那裡，反而沒有了當初的懷念。原本很害怕一個人旅行，沒想到也沒什麼大不了，期待和害怕好像都是虛像。」

休婚跟旅行很像。原本以為是讓我世界變大的機會，理所當然會獲得更多權利，但其實也並非如此。不過我很感謝自己生活在這個社會的能力並沒有退化，但卻學會了用跟之前不同的態度來面對人生。是的，休婚讓生命變得截然不同。或許休婚是讓自己從配角變成主角，甚至讓自己變成了異鄉人。即使如此，我還是推薦休婚。有一天，或許你休婚的旅行會緩緩來到，所謂的旅行不正是為了回來才離開的嗎？

最近，我們的休婚慢慢變成我想像的型態。我跟公婆相處的時間變長了，也從他們那裡收到各式小菜或泡菜。我會在「先生的家」簡單吃個飯。春節的時候，我帶孩子回娘家時，先生傳簡訊叫我一路小心的文字後面多了個「愛心」。不知道他是喝醉了，還是不小心按錯。實在太過尷尬，我不小心笑出聲來，然後回傳了一個害羞的表情。

我們以前常常去的地方，在休婚八個月後「三個人」一起去了。先生透過朋友得知這本書出版的消息後，邊笑邊說自己又沒有領到版稅，為什麼老是出現。彼此分享最近聽到的音樂、實現了先生說想去旅行的話，我們還一起喝了六瓶燒酒，痛快的玩樂。兩天一夜旅行後，我回到自己的家洗衣服，不久之後，先生傳來了簡訊：「一模一樣耶！」是我跟孩子相同睡姿的照片。噗，我笑了，我們兩週後又一起去旅行了。

五月的某個週日，天空出現許久未見的晴空，我和孩子一起去公園。我們在草地上鋪了墊子，悠閒享受著日光浴。直到下午六點後，我們才離開。回到家我發現，先生傳了簡訊過來，我看著那通簡訊，不，是透過簡訊凝視了先生好一陣子。

我第一次看到妳的時候，就把妳拉進了我的人生。
我好像忘記了，
妳也有妳自己的人生……
對不起，還有謝謝妳。

我們的休婚，從迷霧中的剪影，朦朦朧朧地看出些輪廓了。但由於我已經對工作產生了野心，短時間之內依然想維持目前的生活。只是，週末的話，不是待在「我的家」而是「我們的家」的話就好了，這對於孩子來說應該是更好的生活方式。不管怎樣，我希望自己在休婚旅程上，能夠走得更加悠哉，更加緩慢……。

HEART
心|視野 心視野系列 046

# 休婚

作　　者 朴是炫
譯　　者 劉小妮
總 編 輯 何玉美
主　　編 王郁渝
封面設計 FE工作室
內文排版 顏麟驊

出版發行 采實文化事業股份有限公司
行銷企劃 陳佩宜・黃于庭・馮羿勳
業務發行 張世明・林踏欣・王貞玉・林坤蓉
國際版權 王俐雯・林冠妤
印務採購 曾玉霞
會計行政 王雅蕙・李韶婉
法律顧問 第一國際法律事務所 余淑杏律師
電子信箱 acme@acmebook.com.tw
采實官網 www.acmebook.com.tw
采實臉書 www.facebook.com/acmebook01

ISBN 978-957-8950-95-5
定　　價 320元
初版一刷 2019年4月
劃撥帳號 50148859
劃撥戶名 采實文化事業股份有限公司
104臺北市中山區南京東路二段95號9樓
電話：（02）2511-9798
傳真：（02）2571-3298

國家圖書館出版品預行編目資料

休婚／朴是炫著. -- 初版. -- 臺北市：采實文化，2019.04
208面；14.8×21公分. --（心視野系列；46）

ISBN 978-957-8950-95-5（平裝）

1. 婚姻　2. 兩性關係

544.3　　108002595

采實出版集團
ACME PUBLISHING GROUP

HEART

心視野